Das Projekt Geheimnis

Für kleine oder große, simple oder komplexe Projekte

Max Herwig

- *Print Edition* -

Was haben eine geglückte Mars-Mission und eine gelungene Hochzeitsfeier gemeinsam?

Beide sind Projekte, beide sind einmalig, beide sind erfolgreich und beide bergen ein Geheimnis in sich.

Das Geheimnis erfolgreicher Projekt: für kleine oder große, simple oder komplexe Projekte.

Buch Topics: Projektziel, Projektstart, Projektabschluss , Projektauftrag , Projektorganisation , Projektanalyse , Projektstruktur, Projektsteuerung, PM-Modelle, Agiles-Projektmanagement, Wasserfallmodell, Scrum, Kanban, Six-Sigma, EskalationsPlan

Impressum

Titel: Das Projekt Geheimnis

Autor: Max Herwig, Berlin

E-Mail: kontakt@pm-herwig.com

Softcover, 112 Seiten, ISBN: 979-8354468683

eBook: Kindle-Format & EPUB

Independently published, 1. Auflage, September 2022, V01

Copyright © 2022 für Inhalt, Text und Bilder by Dipl.-Ing. Max Herwig. Alle Rechte, einschließlich derjenigen des auszugsweisen Ausdrucks, sowie der digitalen und photomechanischen Wiedergabe oder die der Übersetzung in fremde Sprachen, vorbehalten.

Handelsnamen: Die in diesem Leitfaden verwendeten Handelsnamen, Gebrauchsnamen, Warenzeichen etc. können auch ohne besondere Kennzeichnung Marken sein und als solche gesetzlichen Bestimmungen entsprechen.

Disclaimer: Der Autor, Herausgeber und die zitierten Quellen haften nicht für etwaige Verluste, die aufgrund der Umsetzung ihrer Aussagen, Gedanken und Ideen entstehen. Für den Projektverlauf und das Projektergebnis sind alleinig der Projektleiter und sein Projektteam verantwortlich, denn: "Jedes Projekt ist einmalig."

Gender: Mit Projektleiter, Leser, Stakeholder, etc. sind sowohl weibliche als auch männliche, etc. Personen gemeint. Die Schreibweise dient lediglich der besseren Lesbarkeit.

Schreibweise: Der Autor hat die Schreibweisen: „ProjektQuader", „ProjektRaum" und „Projekt Geheimnis" gewählt.

Die Deutsche Nationalbibliothek verzeichnet ausgewählte Bücher des Autors in der Deutschen Nationalbibliografie; detaillierte bibliografische Daten sind im Internet über http://dnb.d-nb.de abrufbar.

Homepage des Autors: www.pm-herwig.com

Inhaltsverzeichnis

Von der Idee zum Projekt   9

Wann startet ein Projekt?   17
Die 6 Projektfunktionen   21

Projekte erfolgreich starten!   25

Das Paretoprinzip   27
#1 Projektziel definieren   29
#2 Projektauftrag erteilen   39
#3 Projektorganisation festlegen   43
#4 Projektanalyse erstellen   45
#5 Projektstruktur festlegen   49
#6 Projektsteuerung verankern   53
#7 Projektabschluss planen   57
Checkliste: Projektstart   62
Kick-Off oder Workshop?   63
Warum ein Projekthandbuch?   68

Das Projekt Geheimnis   69

Projektdesaster   73

Projektdesaster managen   79

PM-Modelle 83

Wasserfallmodell	86
V-Modelle	87
Iterative Modelle	87
Agiles Projektmanagement	88
Iterativer SW-Entwicklungsprozess	91
Kanban	93
Scrum	94
Six Sigma	95

Anhang 97

Bibliografie	99
ProjektWorkbook	104
Das Projekt: Digitale Transformation	106
Über den Autor	109
Feedback	111

„Bestand hat nur, was in der Praxis funktioniert"

Von der Idee zum Projekt

Ideen werden Wirklichkeit

Das Projekt Geheimnis

Ein Geheimnis ist etwas, was nur Eingeweihten, einer kleinen Gruppe oder Profis bekannt ist. **Erfolgreiche Projekte bergen ein Geheimnis in sich.** Geheimnisse sind oftmals auch offensichtlich, man kann sie sehen, werden aber nicht erkannt.

Das vorliegende Buch enthüllt Schritt für Schritt ein „Geheimnis" und erklärt praxisnah, warum sich manche Projekte zum Desaster entwickeln oder erfolgreich abgeschlossen werden.

Es wendet sich hauptsächlich an Projekt- Mitarbeiter/ Leiter mit Projekterfahrung und ist auch ein praktischer Projektleitfaden für Newcomer. Eine Checkliste und zwei Beispiele vertiefen die Projektmanagement-Themen.

Das „Geheimnis" (Erfolgsprinzip) ist allgemeingültig und gilt für Großprojekte wie z. B. eine geglückte Mars-Mission oder Kleinprojekte wie z. B. eine gelungene Hochzeitsfeier.

Die Projektidee

Am Anfang steht immer eine Idee, ein Vision, ein Wunsch. Unsere heutige Welt ist eine Welt von erfolgreich realisierten Ideen, Visionen und Wünschen. Und jede Idee, jede Vision und jeder Wunsch ist einmalig. Der Weg von der Idee zur Wirklichkeit ist auch immer ein Projekt.

Das Projektmanagement ist aus der Notwendigkeit heraus entstanden, eine einheitliche und standardisierte Vorgehensweise für Projekte zu schaffen. Die ersten Großprojekte der Menschheit (z. B. der Bau einer Pyramide) waren nur möglich, weil vor deren Realisierung ein Plan entwickelt wurde und nach diesem Plan gebaut wurde. Die prinzipielle Vorgehensmethode, Projekte zu realisieren, ist bis heute gültig: Idee -> Planung -> Realisierung -> Abschluss.

Von der Projektidee zum Projektstart

Die Phase von der Projektidee bis zum offiziellen Projektstart wird als Konzeptphase oder Projektvorphase bezeichnet. In dieser Phase entwickelt sich ein Projekt von der ersten Idee bis zu der Entscheidung, ob es „real" gestartet wird oder nicht. Viele Projekte bleiben in der Konzeptphase stecken und werden nie realisiert. Aus verschiedenen Gründen wie z. B. keine ausgereifte Projektidee, das Konzept kann nicht umgesetzt werden, kein klares Projektziel, kein Budget oder keine Zeit.

„80 % des Projekterfolgs wird durch den Projektstart bestimmt"

Ein durchdachter und gewissenhaft geplanter Projektstart bestimmt zu 80 % den Projekterfolg. Warum scheint das so zu sein? Die Weichen für ein erfolgreiches Projekt werden in der Design-, Engineering-Phase und beim Projektstart gestellt. Nach dem Projektstart „rollt" das Projekt los, so wie ein Zug nach dem Anpfiff. Werden für den Zug die Weichen richtig gestellt, dann kommt dieser auch planmäßig am

—11—

Ziel an. Bei falscher Weichenstellung fährt der Zug vom Ziel weg und muss später über Umwege, die Zeit und Geld kosten, wieder in die Zielrichtung gelenkt werden.

Ist das Projektziel erreichbar?

Ein Projekt hat den Reifegrad zum Projektstart erreicht, wenn das Projektziel eindeutig und klar festliegt, das Projektbudget und die Ressourcen vorhanden sind oder beschafft werden können, der geplante Zeitrahmen zur Verfügung steht und die wichtigen Stakeholder dem Projekt zustimmen.

Erfolgreiche Projekte basieren auf „7 Key Principles"

Die „7 Key Principles*" erfolgreicher Projekte gelten für alle Projektkategorien, wie z. B. die Entwicklung neuer, intelligenter Verkehrssysteme (Entwicklungsprojekt), den Bau eines ultraschnellen Internets (Infrastrukturprojekt) oder die Digitalisierung von Produktionsprozessen (Veränderungsprojekt). Von den ersten Anfängen und bis heute hat sich das Projektmanagement umfangreich entwickelt. Viele Tools, Methoden und Vorgehensweisen für spezielle Projektkategorien (Software-, Entwicklungs-, Organisations- und branchenspezifische Projekte, etc.) sind hinzugekommen. Die 7 Key Principles begleiten ein Projekt vom Start bis zum Abschluss.

Ein Projekt ist erfolgreich, wenn das Projektziel im geplanten Zeit- und Kostenrahmen erreicht wird und die Stakeholder mit dem Ergebnis zufrieden sind.

Werden die 7 Key Principles erfolgreicher Projekte nicht eingehalten, dann besteht die Gefahr, dass sich Projekte zu einem „Projektdesaster" entwickeln.

*Hinweis: Key Principles entsprechen den Grundprinzipien, erheben aber nicht den gleichen Anspruch und was sind Grundprinzipien? Der Duden definiert Grundprinzipien: *„Als entscheidendes, eine Sache grundsätzlich bestimmendes Prinzip"*.

Die 7 Key Principles im Überblick:

#1 Projektziel: Das Projektziel gilt für die gesamte Projektlaufzeit und muss eindeutig definiert werden: Was exakt soll mit dem Projekt erreicht werden (Leistungsumfang), wie groß ist der gesamte Kostenrahmen (Kosten), und wie lange ist die gesamte Projektlaufzeit vom offiziellen Projektstart bis zum Projektabschluss (Zeit).

#2 Projektstart: „80 % des Projekterfolges wird durch den Projektstart bestimmt". Das Kapitel „Projekte erfolgreich starten!" zeigt, wie Projekte professionell gestartet werden.

#3 Projektanalyse: Die meisten Projekte scheitern oftmals nicht an der Lösung/Technik sondern an Störungen im ProjektRaum. Deshalb ist es äußerst wichtig, das Projekt und den ProjektRaum zum Projektstart exakt zu kennen, zu analysieren und auf eventuelle Risiken gut vorbereitet zu sein.

#4 Projektstruktur: Die Projektstruktur zeigt die funktionale Gliederung des Projekts, weist das gewählte

Vorgehensmodell aus, legt die wichtigen Arbeitspakete fest und definiert den Zeit- und Kostenplan.

#5 Projektsteuerung: Die Projektsteuerung lenkt das Projekt und beruht auf der Fortschrittskontrolle. Die Fortschrittskontrolle ermittelt den aktuellen IST-Stand und vergleicht diesen mit dem anteiligen SOLL-Stand in Bezug auf die erbrachte Leistung, die angefallenen Kosten und die verbrauchte Zeit. Liegen die Abweichungen außerhalb eines festgelegten Toleranzbereiches, dann sollten „notwendige Maßnahmen" zur Erreichung des SOLL-Stands eingeleitet werden.

#6 Projektqualität: Die Projektqualität ist eine Messgröße und errechnet sich aus dem Verhältnis IST-ProjektQuader geteilt durch SOLL-ProjektQuader. Ähnlich wie Schulnoten entspricht ein Quotient (die errechnete Projektqualität) von 1 der Note „Sehr Gut" und ein Quotient von 6 der Note „Ungenügend". Die Projektqualität zeigt auf einen Blick, wie es um ein Projekt wirklich steht.

#7 Projektabschluss: Wann ist ein Projekt **erfolgreich** abgeschlossen? Klare Antwort: Wenn das Projektziel im Kosten- und Zeitrahmen erreicht wurde und die wichtigen Stakeholder mit dem Projektziel zufrieden sind.

Hinweis: Die „7 Key Principles" werden im „ProjektWorkbook" mit Checklisten und vielen Beispielen ausführlich beschrieben. Siehe Anhang.

Projektdesaster oder erfolgreicher Projektabschluss?

Das Projektziel wird verfehlt oder erreicht? Die Fertigstellung ist ungewiss oder ein erfolgreicher Projektabschluss? Die Kosten explodieren oder der Kostenrahmen wird eingehalten? Die Stakeholder sind verzweifelt oder zufrieden? Das Management ist ratlos oder stolz auf das Projekt? Das Projektteam ist frustriert oder motiviert? Der Projektleiter wird gewechselt oder führt das Projekt zum Abschluss? Die Mängelliste ist ein Roman oder gar nicht vorhanden? Es herrscht totale Resignation oder Motivation? Projekt-Exit oder erfolgreicher Projektabschluss?

Projekte erfolgreich starten!

Die Startphase eines Projekts ist von zentraler Bedeutung für den gesamten Projektablauf. Fehler in der Startphase können später nur schwer, mit viel Aufwand, Kosten und Zeit, behoben werden. Beispiele dafür gibt es zur Genüge, speziell für Großprojekte wie: Der Berliner Flughafen BER, die Elbphilharmonie in Hamburg oder der neue Hauptbahnhof Stuttgart 21, etc.

Der Projektleitfaden kann nicht das gesamte Projektmanagement-Spektrum abdecken und beruht auf den praktischen Erfahrungen des Autors, mit Tipps aus der Praxis und für die Praxis. Der Projektleitfaden wurde mit großer Sorgfalt erstellt, wie Inhalt, Texte und Bilder. Für den Projektverlauf und das Projektergebnis sind alleinig der Projektleiter und sein Projektteam verantwortlich, denn:

> Jedes Projekt ist einmalig.

Ich wünsche dem Leser bei all seinen Projekten einen erfolgreichen Projektstart und Abschluss.

Max Herwig

Wann startet ein Projekt?

„80 % des Projekterfolges wird durch den Projektstart bestimmt"

Eine Nachschau und Analyse von realisierten Groß-Turnkey-, Entwicklungs- und komplexen Projekten hat maßgeblich zu der Erkenntnis beigetragen, warum manche Projekte erfolgreich abgeschlossen wurden und sich viele andere zu einem Projektdesaster entwickelten. Das Naturgesetz von Ursache und Wirkung hat auch im Projektmanagement seine Gültigkeit.

Ein durchdachter und gewissenhaft geplanter Projektstart bestimmt zu 80 % den Projekterfolg.

Ich habe während meines Berufslebens viele sogenannte Turnkey-Projekte realisiert. Turnkey-Projekte sind, wie die englische Übersetzung lautet, sogenannte „Schlüsselfertige Projekte". Darunter versteht man in der Gebäudetechnik Projekte, die z. B. das gesamte gebäudetechnische Spektrum (Elektrotechnik, Stark- u. Schwachstrom, Beleuchtung, Brandmeldeanlagen, Einbruchmeldeanlagen, Zutrittskontrollsysteme, Gebäudeleittechnik, Klima-Lüftungssteuerung, etc.) beinhalten. Diese Projekte sind oft komplexer als Projekte mit z. B. nur einer Technik oder einem Gewerk, wie es in der Fachsprache heißt.

Zu einem professionellen Projektstart gehört auch die Machbarkeitsprüfung.

Die Projektvorphase stellt eine wichtige Frage und liefert am Ende die Antwort: **„Hat das Projekt den Reifegrad zur Realisierung erreicht, Ja oder Nein?"**

Diese Frage sollten sich alle wichtigen Stakeholder und Entscheidungsträger vor dem Projektstart stellen. Die Antwort auf diese Frage liefert eine sogenannte „Machbarkeitsprüfung" (die kleine Version) oder Machbarkeitsstudie. Der englische Begriff „Feasibility Study" wird oft im internationalen Projektmanagement verwendet. Die Machbarkeitsprüfung untersucht im Wesentlichen folgende Punkte:

1. Hat das Projekt ein klar definiertes Projektziel? (Leistung, Kosten, Zeit)

2. Ist das Projekt im geplanten Kostenrahmen realisierbar?

3. Ist das Projekt im geplanten Zeitrahmen realisierbar?

4. Ist das Projekt technisch realisierbar?

5. Kann das Projekt organisatorisch umgesetzt werden?

6. Sind die erforderlichen Ressourcen zur Umsetzung vorhanden: Mitarbeiter, Know-How, Hardware*, Software*, Geld und Zeit?

7. Erfüllt das Projekt die zugrunde liegenden Standards, Normen und den rechtlichen Rahmen?

8. Bringt das Projekt den Stakeholdern einen Mehrwert?

*Der Begriff Hardware/Software ist hier wesentlich weiter gefasst und beinhaltet alles „Materielle" und „Geistige" zur Realisierung des Projektziels.

Am Ende der Projektvorphase steht dann die fundierte Entscheidung, ob ein Projekt realisierbar ist oder nicht. Die Entscheidung sollte eindeutig und mehrheitlich von allen wichtigen Stakeholdern (Auftraggeber, Kunde, Auftragnehmer, Projektnehmer, etc.) getroffen werden. Projekte, die auf „Biegen und Brechen" gestartet werden, ohne Machbarkeitsprüfung, bergen die Gefahr, sich zu einem Projektdesaster zu entwickeln.

Der Projektreifegrad bestimmt den Projektstart.

Ein Projekt hat den Reifegrad zum Projektstart erreicht, wenn das Projektziel eindeutig und klar fest-liegt, das Projektziel den Erwartungen der wichtigen Stakeholder entspricht und die erforderlichen Ressourcen (Know-How, Mitarbeiter, Hard-/Software, Geld und Zeit) vorhanden sind.

Außerdem sollte das Projekt den wichtigen Stakeholdern einen „Mehrwert" bieten. Ist die Projektvorphase abgeschlossen und die Machbarkeitsprüfung bestätigt das Projektziel, dann ist der Reifegrad erreicht und das Projekt kann realisiert, gestartet werden.

Das Kapitel „Projekte erfolgreich starten!" zeigt, wie Projekte erfolgreich gestartet, professionell gemanagt und erfolgreich abgeschlossen werden:

1. Das **Projektziel** eindeutig und messbar definieren.
2. Den **Projektauftrag** erteilen.
3. Die **Projektorganisation** festlegen.
4. Eine umfassende **Projektanalyse** erstellen.
5. Eine passgenaue **Projektstruktur** festlegen.
6. Die **Projektsteuerung** verankern.
7. Den **Projektabschluss** realistisch planen.

Die 6 Projektfunktionen

Die Analyse abgeschlossener Projekte zeigt erstaunliche Unterschiede zwischen erfolgreichen Projekten und einem Projektdesaster.

Ein Projekt ist erfolgreich,

wenn das Projektziel im geplanten Zeit- und Kostenrahmen erreicht wird und die wichtigen Stakeholder mit dem Ergebnis zufrieden sind und das Projekt erfolgreich an den Kunden übergeben wird und zum Abschluss kommt.

Ein Projekt ist nicht erfolgreich

und es ist ein „Projektdesaster", wenn das Projektziel nicht erreicht wird oder der geplante Zeit- oder Kostenrahmen wesentlich überschritten wird oder die wichtigen Stakeholder mit dem Ergebnis nicht zufrieden sind oder das Projekt nicht an den Kunden übergeben wird oder nicht zum Abschluss kommt.

Ein erfolgreiches Projekt hat 6 UND-Funktionen:

1. Projektziel erreicht und
2. Zeitrahmen eingehalten und
3. Kostenrahmen eingehalten und
4. Stakeholder zufrieden und
5. erfolgreiche Projektabnahme und
6. erfolgreiche Projekt- Übergabe/Abschluss

Ein Projektdesaster hat 6 ODER-Funktionen:

1. Projektziel nicht erreicht oder
2. Zeitrahmen nicht eingehalten oder
3. Kostenrahmen nicht eingehalten oder
4. Stakeholder unzufrieden oder
5. erfolglose Projektabnahme oder
6. erfolglose Projekt- Übergabe/Abschluss

Wie die Analyse zeigt, ist es wesentlich wahrscheinlicher, dass ein Projekt nicht erfolgreich abgeschlossen werden kann, **wenn nur eine ODER-Funktion eintrifft.** Im Gegensatz dazu müssen **sechs UND-Funktionen erfüllt sein, damit ein Projekt erfolgreich abgeschlossen werden kann.**

Nach dieser Analyse ist das Verhältnis 1:6.

Die Wahrscheinlichkeit des Misserfolgs gilt besonders für Groß- und komplexe Projekte, wie die Berichterstattung in den Medien zeigt. Von erfolgreich abgeschlossenen Großprojekten hört man leider nur selten, sie sind ja auch nicht so medienwirksam.

Reicht es also aus, sein Augenmerk auf die 6 genannten Projekt-Eigenschaften zu richten, damit ein Projekt erfolgreich ist? Im Grunde genommen Ja! Der Weg dorthin ist aber oft nicht geradlinig und es liegen viele Hindernisse auf diesem Weg. In der Rückschau kann ein Projekt leicht analysiert werden und man weiß, warum es erfolgreich oder nicht erfolgreich gemanagt wurde. Die Kunst liegt darin, ein neues oder geplantes Projekt mit dem Blick in die Zukunft erfolgreich zu realisieren.

Die Analyse und Rückschau zeigt, dass ein durchdachter und erfolgreicher Projektstart den späteren Projektablauf und -Abschluss maßgeblich beeinflusst.

Leider ist es mit einem Handbuch und einer Anleitung, wie man Projekte erfolgreich managt nicht getan. Erfahrung, ein ganzheitlicher Ansatz und ein **„perfekter Projektstart"** sind die Grundlage für einen erfolgreichen Projektverlauf und Abschluss.

Statt eines kurzen „Projekt-Kick-Off-Meetings" lohnt sich oftmals der etwas größere Aufwand eines „Projektstart-Workshops", speziell bei Groß- und komplexen -Projekten.

Projekte erfolgreich starten!

Projekte erfolgreich starten, professionell managen und erfolgreich beenden

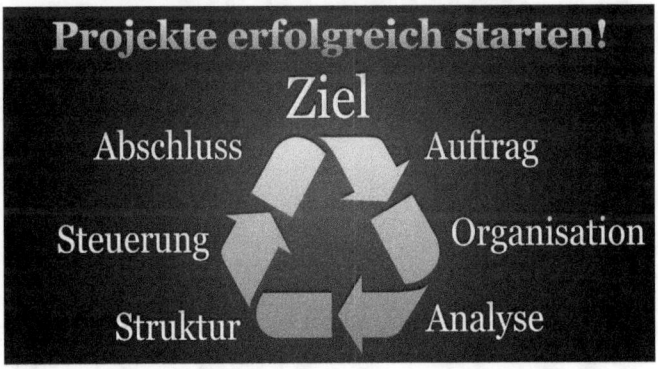

Das Paretoprinzip

„Das Paretoprinzip, benannt nach Vilfredo Pareto (1848–1923), auch Pareto-Effekt oder 80-zu-20-Regel genannt, besagt, dass 80 % der Ergebnisse mit 20 % des Gesamtaufwandes erreicht werden. Die verbleibenden 20 % der Ergebnisse erfordern mit 80 % des Gesamtaufwandes die quantitativ meiste Arbeit." (Quelle: Wikipedia)

Das Paretoprinzip gilt auch bei Projekten: „80 % des Projekterfolges wird durch den Projektstart bestimmt". Ein professioneller Projektstart erfordert in der Regel nicht mehr als 20 % der gesamten Projektmanagement-Kapazitäten. Die restlichen 80 % werden bis zum Projektabschluss benötigt. So die Erfahrung aus vielen in der Praxis abgeschlossenen Projekten.

„Heutzutage wird das Paretoprinzip häufig für Projekt- und Zeitmanagement zur Hilfe gezogen, um wichtige Arbeitspakete zu erkennen und schnelle Fortschritte bei relativ guten Ergebnissen zu erzielen (um hundertprozentige Ergebnisse zu erzielen, benötigt man 100 % der Bemühungen). Es hilft zudem, Arbeiten zu identifizieren, die aufgrund fehlender Effizienz aufgeschoben oder weggelassen werden können. Kritiker bemängeln an der Übertragung auf das Projektmanagement, dass das Prinzip dazu verführe, Aufgaben nicht mehr komplett abzuschließen, dass es aber gleichzeitig Aufgaben oder Projekte gebe, für die

eine 80-%-Erledigung nicht ausreichend sei. Werden im Projektmanagement lineare Modelle wie das Wasserfallmodell verwendet, sind "Pareto-Ketten" über mehrere Projektphasen ein Risiko. Die "unnötigen 20 %" potenzieren sich bei solchen Ketten zu einem erhöhten Aufwand in den letzten Projektphasen, möglicherweise ergibt sich auch ein unbrauchbares Endergebnis." (Quelle: Wikipedia)

Was gehört zu einem erfolgreichen Projektstart?

1. Das **Projektziel** eindeutig und messbar definieren.
2. Den **Projektauftrag** erteilen.
3. Die **Projektorganisation** festlegen.
4. Eine umfassende **Projektanalyse** erstellen.
5. Eine passgenaue **Projektstruktur** festlegen.
6. Die **Projektsteuerung** verankern.
7. Den **Projektabschluss** realistisch planen.

#1 Projektziel definieren

Der ProjektQuader zeigt das dreidimensionale, messbare Projektziel auf einen Blick

ProjektQuader = Leistung x Kosten x Zeit

Das Projektziel beschreibt den geplanten SOLL-ZUSTAND zum Projektabschluss mit einer kurzen und prägnanten Projektvision (oder auch Leistungsziel genannt) und definiert:

Leistung: Eine exakte und kurze Leistungsbeschreibung des Projektes. „Was soll exakt gebaut, entwickelt oder konstruiert werden?

Kosten: Wie hoch ist der Kostenrahmen für das Gesamtprojekt?

Zeit: Der Zeitrahmen vom Projektstart bis zum Projektabschluss.

Das Volumen des „ProjektQuaders" ist das Produkt aus **Leistung x Kosten x Zeit** und definiert das Gesamtprojekt. Der gesamte geplante Leistungsumfang eines Projekts wird als SOLL-Leistungsumfang bezeichnet. In der o.g. Formel vereinfacht als Leistung dargestellt.

Der **SOLL-ProjektQuader** berechnet das Gesamtprojekt, so wie es bis zum Projektabschluss **geplant** wurde. Der **IST-ProjektQuader** berechnet das Gesamtprojekt zum Projektabschluss, so wie es **tatsächlich realisiert** wurde. (Oder wie es voraussichtlich — Prognose —bis zum Projektabschluss **realisiert** wird.)

Der geplante SOLL-Leistungsumfang wird zur Berechnung des SOLL-ProjektQuaders immer auf den skalierten Wert = 1 (oder 100%) gesetzt. Ändert sich während der Projektlaufzeit der Leistungsumfang (1 < Leistung > 1) dann ändern sich meistens auch die Kosten und die Zeit. Das Volumen des IST-ProjektQuaders wird größer (Leistung > 1) oder kleiner. (Leistung < 1).

Die sehr praktische ProjektQuader-Formel: „**Leistung x Kosten x Zeit**" berechnet und zeigt die Abhängigkeiten von Leistung, Kosten und Zeit. Der berechnete **ProjektQuader-Wert** (gilt für IST/SOLL) hat keine Maßeinheit und ist ein Referenzwert.

Wird der IST-ProjektQuader während der Projektlaufzeit größer oder kleiner, dann beruht dies auf Änderungen in der Leistung, bei den Kosten oder der Zeit.

Der ProjektQuader, ein Beispiel

Der Bau eines Wohnhauses für 8 Mietparteien, gemäß Leistungsbeschreibung XYZ. Geplante Baukosten: 4 Mio. Euro. Geplante Bauzeit: 2 Jahre. Fertigstellung nach 2,5 Jahren. Gesamte Baukosten 5,2 Mio. Euro. Der Leistungsumfang hat sich um 20 % erhöht:

SOLL-ProjektQuader = 1 x 4 x 2 = 8

IST-ProjektQuader = 1,2 x 5,2 x 2,5 = 15,6

Projektqualität = 15,6 / 8 = 1,95 (Gut)

Warum ist es oftmals so schwer, das Projektziel zu erreichen?

Die Probleme stecken im Detail. Sind das Leistungsziel und der Leistungsumfang nicht eindeutig definiert, dann wird es sehr wahrscheinlich während der Projektlaufzeit zu Schwierigkeiten kommen, denn Schwierigkeiten bedeuten:

- Abweichungen vom SOLL-Leistungsziel (Leistungsumfang)
- Abweichungen vom SOLL-Zeitrahmen (Terminplan)
- Abweichungen vom SOLL-Kostenrahmen (Kostenplan)

Ursache: Planungsfehler

Mögliche Ursachen können sein: Planungsfehler, Design-Fehler, Engineering-Fehler, der Zeitplan oder der Kostenplan beinhalten Fehler, die übersehen oder aus Unwissenheit nicht erkannt wurden. Oder aus geschäftspolitischer Sicht nicht relevant schienen oder „Alles zusammen wie eine Nebelwand war". Und die Leitung das Projekt unbedingt wollte, nach dem Motto: „Wir schaffen das!"

Ursache: Unzufriedene Stakeholder

Unzufriedene Stakeholder können ein Projekt maßgeblich beeinflussen und sogar zum kippen bringen. Die „Stakeholder-Einflussmatrix" zeigt, welche Stakeholder welchen Einfluss und welchen Einfluss-Grad auf ein Projekt haben. Die Stakeholder-Einflussmatrix gehört zur ProjektRaum-Analyse. Zu beachten ist, dass die Einflussmatrix immer eine Momentaufnahme ist und sich jederzeit in die eine oder andere Richtung entwickeln kann. Der ProjektRaum wird im ProjektWorkbook ausführlich beschrieben und analysiert.

Ursache: Fehlender/kein Projektauftrag

Ich habe in meinem Berufsleben als Project Director (in der Funktion als Multi-Projektmanager führte ich ein internationales Projektleiter-Team) einige Projekte betreut, wo es genau aus diesem Grund zu Problemen und Schwierigkeiten kam. Die Projektleiter (und damit auch das Projektteam) hatten keinen „offiziellen und schriftlichen" Projektauftrag. Die Rechte und Pflichten zwischen Management, Projektleiter und Projektteam waren nicht geregelt und unklar. Dadurch kam es oft zu Missverständnissen, die das Projekt negativ beeinflussten.

Kein offizieller und schriftlicher Projektauftrag = keine oder nur unklare Aufgaben- und Kompetenzaufteilung zwischen Management, Projektleiter und Projektteam.

Das Projekt-Fundament: Lasten- & Pflichtenheft

Das Lastenheft des Auftraggebers (Projektgeber) und das Pflichtenheft des Auftragnehmers (Projektnehmer) sind das Fundament, auf dem das gesamte Projekt steht. Ein Fundament kann nur einmal gegossen werden. Spätere Änderungen würden das gesamte Haus (= Projekt) zum Einsturz bringen.

Lastenheft

Das Lastenheft des Auftraggebers beschreibt das Projekt, bzw. die zu erbringenden SOLL-Lieferungen/ Leistungen aus der **Sicht des Auftraggebers** (Kunde/Anwender/User), oft auch die Rahmenbedingungen, unter denen ein Auftrag oder Projekt zu realisieren ist. Der Fokus liegt hier „aus der Sicht des Auftraggebers/Kunden/Anwenders". Je genauer der gesamte zu erbringende SOLL-Leistungsumfang im Lastenheft aus Auftraggeber-Sicht beschrieben ist, um so genauer kann der Auftragnehmer diese planen und kalkulieren.

Pflichtenheft

Aus dem Lastenheft des Auftraggebers entwickelt der Auftragnehmer das Pflichtenheft. **Das Pflichtenheft beschreibt detailliert, wie der Auftragnehmer die Anforderungen aus dem Lastenheft erfüllen bzw. das Projekt realisieren wird.** Ganz besondere Aufmerksamkeit ist der Erstellung/Entwicklung des Pflichtenhefts zu widmen.

Es gibt in der Literatur und im Internet sehr viele Abhandlungen zum Thema Lastenheft/Pflichtenheft. Zur Information gilt anzumerken, dass die Fachbegriffe „Lastenheft/Pflichtenheft" oft auch anders genannt werden: Spezifikation, Technische Spezifikation, Konzept, Feinkonzept, etc. Zum allgemeinen und bessern Verständnis werden in diesem Buch nur die Fachbegriffe Lastenheft und Pflichtenheft verwendet.

Jede einzelne Aussage/Position des Lastenhefts muss im Pflichtenheft beschrieben werden und abstrahiert die logische Aussage enthalten:

JA – wird zu 100% erfüllt, mit Spezifikation oder

NEIN – wird nicht erfüllt mit Begründung oder

ALTERNATIVE – wird zu x% erfüllt mit Spezifikation

Besonderer Augenmerk ist den v. g. Spezifikationen zu widmen. Werden diese nur allgemein und „schwammig" im Pflichtenheft beschrieben, dann kann es, mit sehr großer Wahrscheinlichkeit, im Projektverlauf zu Unstimmigkeiten kommen, welche oftmals viel Geld, Zeit und Nerven kosten.

Gesetze, Vorschriften und Richtlinien

Die Einhaltung von Gesetzen, Vorschriften, Regeln und Richtlinien im Rahmen des Projektes sind wie die Einhaltung der Straßenverkehrsregeln im Verkehr. Ein MUSS – kein KANN. Der Projektleiter und das Projektteam müssen die zur Anwendung kommenden Gesetze, Vorschriften, Regeln und Richtlinien kennen und mit Bezug auf das Projekt anwenden. Verstöße können kleine Projektdesaster auslösen, bis hin zum Projekt-Exit.

Standardisierung

Die tägliche Praxis zeigt, dass standardisierte, geprüfte und erprobte Lösungen oft Grundvoraussetzungen für einen Projekterfolg sind. Im Gegensatz dazu sind nicht standardisierte, nicht geprüfte, nicht erprobte und individuell entwickelte Lösungen oft die Ursache für Projektdesaster. Die grüne Banane soll im Projekt (oder noch schlimmer beim Kunden) reifen. Das gibt es nicht? Die Praxis sieht oft leider anders aus.

Projektziel-Änderungen

Die wenigsten Projekte sind „statisch" und werden ohne Änderungen im Leistungsumfang realisiert. Projekte entwickeln sich oft dynamisch, z. B. durch „äußere Einflüsse", durch neue Kundenwünsche, durch neue Technologien, etc. Änderungen im Leistungsumfang haben meist auch Einfluss auf die Projektkosten und die Projektlaufzeit (das dreidimensionale Projektziel = der IST-ProjektQuader).

Claim- und Change-Management

Durch das Claim- und Change-Management werden Änderungen im Projekt gemanagt. Zur Erinnerung: Jedes Projekt bewegt sich in der dreidimensionalen Projektwelt: Leistungsumfang – bedingt die Projektkosten und die Projektlaufzeit.

Claim Management

Claims sind Forderungen im Zusammenhang mit einer Vertragsabweichung. Die Geltendmachung liegt meist in der Verantwortung des Auftragnehmers (Beweispflicht) und erfolgt typischerweise nach der Leistungserbringung. Ein Claim ist erkennbar, wenn man das vertragliche SOLL mit dem IST vergleicht. Das Claim-Management beinhaltet alle Maßnahmen die dazu dienen, Änderungen in einem geordneten Verfahren in das Projekt einzubringen.

Change Management

Change Requests sind Änderungswünsche des Auftraggebers (manchmal auch des Auftragnehmers) im Rahmen des Projektvertrags. Die Vertragspartner einigen sich auf eine Änderung oder Anpassung des Vertrags, z. B. eine Leistungsanpassung. Change Requests sollten schriftlich vor der Leistungserbringung erfolgen. Das Change-Management beinhaltet alle Maßnahmen die dazu dienen, Änderungen in einem geordneten Verfahren in das Projekt einzubringen.

Projekt-Szenarien/Projektwunschliste

Kritisch wird es, wenn das Projektziel grundlegend geändert wird. Oft ist es dann besser, das laufende Projekt so gut wie möglich abzuschließen und ein neues Projekt zu starten.

Beispiele für Zieländerungen bei Großprojekten gibt es zur Genüge. Bei Prestige-Projekten, die in den Medien Beachtung finden, erfährt man dann, dass die Projektkosten explodieren, dass sich die Projektlaufzeit vervielfacht und dass der Projektabschluss offen ist. Schuld daran ist oftmals das berühmte „Bündel von Ursachen/Ereignissen", die keiner voraussehen konnte! Wirklich nicht? Der wahre Grund ist meist jedoch, dass aus einem eindeutigen, messbaren Projektziel eine „Projektwunschliste" mutiert ist. Das Projektziel (es kann ein neuer Flughafen, ein neuer Bahnhof oder auch eine neue Autobahn sein) soll doch viel „größer und schöner" werden und ein kleines Denkmal für den „Erfinder" soll auch noch drin sein...

Aus einem klaren und eindeutigen Projektziel ist eine Projektwunschliste geworden.

Ein Projektziel kann nicht eingefroren werden, aber grundlegende Änderungen müssen vor dem Projektstart geklärt und in einem Projekt-Szenario analysiert werden:

Welches **Projekt-Szenario** verursacht welche **Projektkosten** und welche **Projektlaufzeit? Dies ist eine zwingende Analyse zur Entscheidungsfindung für wichtige Projekt-Stakeholder.**

Für erfahrene Projektleiter ist das alles nichts Neues und bekannt, ABER es muss gelebt werden, gerade weil es auf den ersten Blick so vermeintlich simpel, trivial und einfach daherkommt. Denn:

„80 % des Projekterfolges wird durch den Projektstart bestimmt"

Bei einem sogenannten Projektdesaster, wenn die Kosten und die Projektlaufzeit explodieren, mutiert der IST-ProjektQuader bildlich gesprochen von der Originalgröße (SOLL) auf ein Vielfaches. Ein ausführliches Kapitel zum Thema Projektziel, ProjektQuader, Zieländerungen und Projekt-Szenarien bietet das „ProjektWorkbook".

Kein Projektstart ohne klares, eindeutiges und schriftlich festgelegtes Projektziel.

#2 Projektauftrag erteilen

Der Projektauftrag ist vergleichbar mit einem Führerschein. Auf öffentlichen Straßen sollte man ein Auto nur mit gültigem Führerschein fahren, zur eigenen Sicherheit, zur Sicherheit der Allgemeinheit und damit der Fahrer nicht mit dem Gesetz in Konflikt gerät. Fahren ohne Führerschein ist wie Fahren ohne Erlaubnis, ohne Befugnisse und oft auch ohne jegliche Kompetenz. Ähnlich verhält es sich mit dem Projektauftrag. Ein Projektleiter auf Zuruf, ohne offiziellen und schriftlichen Projektauftrag, ist Projektleiter von „Management-Gnaden" und kann jederzeit abberufen, seines Amtes enthoben werden und hat oft keine „offiziellen" Befugnisse, Rechte oder Weisungskompetenzen.

Ich hatte während meiner beruflichen Praxis einige Projekt-Eskalationen, weil die Projektaufträge fehlten und die Projektleiter fast keine oder nur eingeschränkte Befugnisse hatten. Die Management-Unterstützung für die Projektleiter war diffus, da Unklarheit über die Rechte und Pflichten der beiden Vertragspartner (Management und Projektleiter/Team) herrschte. Die Projektleiter wussten meist, wie die Projekte aus der Eskalation geführt werden konnten, hatten aber nicht den „Durchgriff", die notwendigen Maßnahmen (z. B. zusätzliche Ressourcen, Lieferungen und Leistungen) umzusetzen. Die Projekte liefen einige Zeit im Eskalations-Modus, bis die Kunden (Auftraggeber) z. B. mit Rückabwicklung drohten und das Management „um Hilfe rief". Dabei lag die Lösung auf der Hand: Den

Projektleitern/Teams fehlten die Rechte und Befugnisse der Problemlösung (z. B. wegen Zusatzkosten); ALSO Erteilung der erforderlichen Rechte und Befugnisse — mit einem **schriftlichen Projektauftrag**.

Der schriftliche Projektauftrag regelt die Kompetenzen, Befugnisse, Rechte und Pflichten zwischen den Vertragspartnern: Management und Projektleiter/ Team. Gerade Projekte im Eskalationsmodus sollten nicht durch fehlende Befugnisse weiter verzögert werden: Zeit ist Geld. (Meistens zumindest)

Der Projektauftrag beinhaltet im Wesentlichen:

1. Das Projektziel (SOLL-Leistungsumfang, SOLL-Kostenplan, SOLL-Zeitplan)
2. Wer das Projekt leitet (Projektleiter)
3. Die grundlegende Projektorganisation
4. **Welche Befugnisse, Rechte und Pflichten der Projektleiter und das Projektteam haben**
5. **Welche Befugnisse, Rechte und Pflichten das Management (Auftragnehmer) und ein eventuelles Project Steering Team haben**
6. Das Projektbudget (die reinen Projektkosten)
7. Einen Eskalationsplan

Ein Groß- oder komplexes Projekt sollte erst dann starten, wenn der unterzeichnete Projektauftrag (zwischen Management und Projektleiter) vorliegt. Ein Projektleiter mit den erforderlichen Befugnissen und Kompetenzen kann in einem Projekt ganz anders agieren als ein Projektleiter von „Management Gnaden". Das Thema Projektauftrag wird ausführlich und mit einem Beispiel im „ProjektWorkbook" behandelt.

Kein offizieller und schriftlicher Projektauftrag = keine oder nur unklare Aufgaben- und Kompetenzaufteilung zwischen Management, Projektleiter und Projektteam.

#3 Projektorganisation festlegen

Jedes Projekt bedarf einer Projektorganisation. Hier gibt es im Projektmanagement verschiedene Ansätze. Die zwei Wichtigsten sind: Die reine Projektorganisation als eigenständige Organisation mit eigenem Personal und Budget-Verantwortung und die Projekt-Matrix-Organisation in Form von Teams, die projektbezogen zusammenarbeiten und ihrer Linienorganisation weiterhin disziplinarisch zugeordnet sind.

Für jedes Mitglied der Projektorganisation ist eine detaillierte Aufgabenbeschreibung zu erstellen. Hierin muss genau definiert werden, welche Aufgaben, Rechte und Pflichten das Projektmitglied hat und wie die Kommunikation im Projekt geregelt ist.

Dass von der Geschäftsleitung verabschiedete Projektteam trifft sich spätestens zum Projekt-Kick-Off in kompletter Runde und wird über wesentliche Eckpunkte des Projektes informiert: Projektziel, Projektauftrag, Projektorganisation (wer hat welche Aufgaben), erster Terminplan mit den wesentlichen Meilensteinen und erster Kosten-/Budgetplan.

Die Projektorganisation wird durch den Projektmanager geführt, trifft sich in regelmäßigen Zeitabständen und veröffentlicht den aktuellen Projektstatusbericht (Leistung, Meilensteine, Abweichungen, Besonderheiten, Kosten, Zeit, etc.). Die Projektorganisation ist maßgeblich für die Realisierung des Projektes und die Erreichung des Projektziels verantwortlich.

An dieser Stelle sei nochmals erwähnt, dass die Kompetenzen und Befugnisse der Projektmitglieder mit der Projektleitung und der Geschäftsleitung abgestimmt und (schriftlich) vereinbart sein sollten. Jedes Projektmitglied muss sich über seine Rolle im Projekt im Klaren sein, seine Aufgaben und Ziele im Projektteam genau kennen und einen ausreichenden Überblick des Gesamtprojekts haben: Leistungsumfang, Kostenrahmen, Meilensteinplan.

Kein Projektstart ohne klare, eindeutige und schriftlich verabschiedete Projektorganisation.

#4 Projektanalyse erstellen

Viele Projekte scheitern oftmals nicht an der Technik, sondern am ProjektRaum.

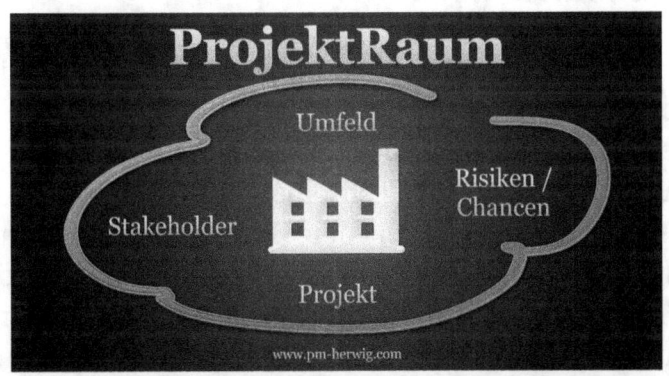

Die wenigsten Projekte werden unter Laborbedingungen mit definierten Parametern realisiert. Projekte sind in der Regel in ein Netzwerk aus Menschen, Umwelt, Technik, Gesellschaft, Politik, Standards, Normen, Gesetze/Richtlinien, etc. eingebettet. Und diese Einbettung in Summe bildet der **ProjektRaum**. Aus der Chaostheorie ist bekannt, dass eine kleine Änderung in einem vernetzten System zu großen Auswirkungen an anderen Stellen führen kann.

Jedes Projekt hat einen ProjektRaum. Um den ProjektRaum zu kennen, muss dieser analysiert werden. Der ProjektRaum und das Projekt stehen in ständigen Wechselbeziehungen. Auf Basis der (ProjektRaum-) Analyse können geeignete Maßnahmen und Strategien zur Steuerung dieser Wechselbeziehungen erarbeitet werden.

Die Erfahrung zeigt, dass die Projektbeteiligten (Stakeholder mit ihren unterschiedlichen Motivationen und Zielen) großen Einfluss auf den Projektverlauf nehmen können.

Stakeholderanalyse

Die gegenseitige Beeinflussung von Projekt, Umfeld und Stakeholder (Personen oder Gruppen die ein eigenes Interesse an dem Projekt haben) sowie die Fähigkeit mit diesen Wechselbeziehungen umzugehen, bestimmen maßgeblich den Projekterfolg. Deshalb sollte die Stakeholderanalyse zum Projektbeginn durchgeführt werden. Es ist wichtig, die Stakeholder zu identifizieren, den Grad ihrer Betroffenheit durch das Projekt festzustellen und ihre Einstellung zum Projekt zu kennen. Anhand dieser Informationen können entsprechende Maßnahmen entwickelt werden, die Stakeholder als „Projekt-Unterstützer" zu gewinnen.

Umfeldanalyse

Neben der Stakeholderanalyse liefert die Umfeldanalyse wichtige Erkenntnisse und zeigt, welche Wechselwirkungen ein Projekt mit seinem Umfeld hat. **Die Umfeldanalyse untersucht und bewertet:**

- Den physischen Raum — das Umfeld — in dem das Projekt eingebettet ist (Grundstück, Ort, Stadt, Land, Staat).
- Die Zeit, der Zeitraum, in dem das Projekt realisiert wird (auch der aktuelle Zeitgeist); eventuell auch die gesamte Betriebszeit.

- Das Projekt betreffende Gesetze/Normen/ Vorschriften/Richtlinien.
- Die Technik: Welche technischen Lösungen (Hardware & Software) sind während der Projektlaufzeit verfügbar?
- Die Wirtschaft: Welchen Einfluss hat das wirtschaftliche Umfeld auf das Projekt?
- Die Politik: Welchen Einfluss hat das politische Umfeld auf das Projekt?
- Die Kultur: Welchen Einfluss hat das kulturelle Umfeld auf das Projekt?

Risikoanalyse

Welchen Risiken ist ein Projekt ausgesetzt und welche Chancen hat es? Die Projektrisiken zu kennen, zu bewerten, zu klassifizieren und entsprechende Maßnahmen zu deren Vermeidung, schon vor dem „operativen" Projektstart, zu planen, ist ein wichtiger Baustein des Projekterfolgs. Auf der anderen Seite müssen auch die Chancen eines Projektes erkannt werden, damit daraus ein Mehrwert für wichtige Stakeholder (User, Projekt- Geber/Nehmer, etc.), generiert werden kann.

Die Projektanalyse ist mit die Basis für einen erfolgreichen Projektverlauf und Abschluss. Kein Projektstart ohne ausführliche Analyse des ProjektRaums.

Zur Projektanalyse gehören:

- Die Stakeholderanalyse,
- die Umfeldanalyse,
- die Risikoanalyse und
- die Projekt-Chancen-Analyse

Ein ausführliches Kapitel mit Checklisten und Beispielen bietet das „ProjektWorkbook".

#5 Projektstruktur festlegen

Die Projektstruktur zeigt die funktionale Gliederung des Projekts, weist das gewählte Vorgehensmodell aus, legt die wichtigen Arbeitspakete fest und definiert den Zeit- und Kostenplan.

Unter der Projektstruktur versteht man im Projektmanagement die funktionale und logische Gliederung eines Projektes in Teilaufgaben und Arbeitspakete. Daraus entsteht der sogenannte Projektstrukturplan. Die Gliederung erfolgt meist in grafischer Form. Aus ihr geht hervor, wie das Projekt funktional strukturiert ist und was in diesem Projekt geplant und umgesetzt wird.

Zur Projektstruktur gehören:

1. Der Projektstrukturplan
2. Das gewählte Vorgehensmodell im Projekt
3. Der Projektphasenplan
4. Die Definition wichtiger Arbeitspakete
5. Der Netzplan
6. Der Meilensteinplan mit Meilensteintrendanalyse
7. Der Kostenplan

Projektstrukturplan

Der Projektstrukturplan gliedert das Projekt in funktionale und in sich abgeschlossene Teilprojekte bzw. Projektabschnitte.

- Auf der 1. Ebene wird das Projektziel definiert.
- Die 2. Ebene definiert die Teilprojekte bzw. Projektabschnitte.
- Die 3. Ebene beschreibt z. B. die einzelnen Arbeitspakete eines Projektabschnitts.

Die Anzahl der Ebenen wird durch die funktionale Projektstruktur bestimmt und kann bei Groß- und komplexen Projekten recht umfangreich werden. Hierbei wird auf die Darstellung der einzelnen Arbeitspakete verzichtet, damit die funktionale Übersicht gewahrt bleibt.

Der Projektstrukturplan bietet eine gute Übersicht des Gesamt-Projekts und darf in keinem Projekt fehlen. Aus ihm werden, wie bereits erwähnt, die funktionalen Teilprojekte und Arbeitspakete abgeleitet, die Projektphasen abgebildet und er dient als Grundlage für den Netz- und Meilensteinplan.

Der Projektstrukturplan bietet den Blick aus der „Vogelperspektive" auf das Projekt.

Liegt der genehmigte und verabschiedete Projektstrukturplan vor, dann hat das Projekt meist einen weiteren Reifegrad erreicht, damit es gestartet werden kann.

Zum Projektstart gehört noch ein weiteres Bündel von Voraussetzungen wie: Budgetfreigabe, Ressourcen-Freigabe, Meilensteinplan etc. Ein ausführliches Kapitel **„Projektstruktur/Vorgehensmodelle & Agiles Projektmanagement"** bietet das „ProjektWorkbook".

Große Vorsicht sollte walten, wenn ein Projekt gestartet wird, ohne dass der Projektstrukturplan vorliegt.

#6 Projektsteuerung verankern

Die Projektsteuerung lenkt das Projekt und beruht auf der Fortschrittskontrolle. Die Fortschrittskontrolle ermittelt den aktuellen IST-Stand und vergleicht diesen mit dem anteiligem SOLL-Stand in Bezug auf die erbrachte Leistung, die angefallenen Kosten und die verbrauchte Zeit.

Projektqualität = IST-PQ / SOLL-PQ

ProjektQuader = PQ = Leistung x Kosten x Zeit

Die Fortschrittskontrolle ist vergleichbar mit einem Navigationsgerät im Auto: Ein Blick und der Fahrer weiß, ob er auf dem richtigen Weg ist, wie nah oder fern das Ziel ist und wie lange es noch dauert, dieses zu erreichen. Aber leider ist die Fortschrittskontrolle nicht so exakt wie ein Navigationsgerät und beruht auf **Messen, Wiegen, Zählen** oder **Schätzen**.

Die Fortschrittskontrolle berechnet den aktuellen Leistungsumfang in Bezug auf den SOLL-Leistungsumfang und ermittelt eventuelle Abweichungen. Die Ableitung bzw. Berechnungen aus diesem Ergebnis generiert die sogenannten Trendpläne: Leistungs-Trendplan, Kosten-Trendplan und Termin-Trendplan (Meilenstein-Trendplan).

Entwicklungs- oder Organisationsprojekte bieten oft nicht die Möglichkeit, den Leistungsfortschritt exakt zu ermitteln, weil die objektive Möglichkeit zum Messen, Wiegen oder Zählen fehlt. Hier ist man meist auf das Schätzen angewiesen. Ein guter Quervergleich bietet der Kosten- und Zeitplan. Liegt die Schätzung im Rahmen des Kosten- und Zeitplans, dann „scheint" die Schätzung zu stimmen, muss aber nicht.

Die Fortschrittskontrolle beginnt mit dem Projektstart und endet erst mit dem Projektabschluss.

Der Projektleiter sollte/muss die Fortschrittskontrolle im Projekt verankern und das Projektteam, sowie wichtige Stakeholder über den aktuellen Projekt- Stand und Verlauf kontinuierlich (wöchentlich, monatlich) informieren.

Die aktuellen Ergebnisse aus der Fortschrittskontrolle gehören in den Projektstatusbericht. Bewährt hat sich in vielen Projekten die sogenannte Ampelfunktion im Projektstatusbericht:

- Grün = Das Projekt ist im grünen Bereich
- Gelb = Achtung, es ist mit Abweichungen im weiteren Projektverlauf zu rechnen
- Rot = Eskalations-Modus, das Projekt läuft nicht nach Plan und benötigt umgehende Hilfe

Zur Fortschrittskontrolle gehören immer auch das **Claim-** und **Change-Management**.

Das Projekt ist das Fahrzeug mit Fahrer (Projektleiter), Insassen (Projektteam) und Ladung (Leistungsumfang).

Die Fortschrittskontrolle ist das Navigationssystem.

Das Navigationssystem bitte immer vom Start und bis zum Ziel eingeschaltet lassen!

#7 Projektabschluss planen

Wann ist ein Projekt abgeschlossen? Klare Antwort: Wenn das Projektziel erreicht wurde. Aber ganz so einfach ist der Sachverhalt in der Praxis leider nicht.

Ein erfolgreicher Projektabschluss, liegt vor, wenn das Projektziel im Kosten- und Zeitrahmen erreicht wurde und die wichtigen Stakeholder mit dem Projektziel zufrieden sind.

Zum Projektabschluss gehören die Abnahme des Projektes durch den Auftraggeber (Kunden) sowie die Übergabe des Projektes an den Auftraggeber. Im Idealfall wird das Projekt ohne Beanstandungen und Mängel an den Auftraggeber übergeben und durch ein schriftliches Abnahme- und Übergabeprotokoll bestätigt.

Projektabnahme

Unter einer Abnahme versteht man die Feststellung, dass das Leistungsziel (das Objekt des Projektziels) den vertraglichen Kriterien entspricht. Zur Abnahme sollte es deshalb auch immer ein schriftliches Abnahmeprotokoll geben, das von den Vertragspartnern zu unterzeichnen ist.

Projektübernahme

Die Übernahme eines Projekts ist ein Besitzerwechsel vom Auftragnehmer an den Auftraggeber. Es findet ein Gefahrenübergang statt. Ab der Übernahme ist nicht mehr der Auftragnehmer, sondern der Auftraggeber für das Objekt des Projektziels verantwortlich. Zugleich beginnen oft die Gewährleistungs- und Garantiefristen zu laufen.

Ist das Projektziel nicht 100% eindeutig definiert, dann kann es (und wird es erfahrungsgemäß auch!) zu Verzögerungen bei der Übernahme kommen. Der Auftraggeber listet meist in einer „Mängelliste" alle ihm bisher bekannten Mängel auf und besteht auf der Abarbeitung der Mängelliste und einer „mängelfreien" Übernahme des Projektes. Ein Kompromiss ist oft, eine Projektabnahme mit der Zusage, die „Mängelliste" in einem vereinbarten Zeitraum X zu erledigen oder, wenn das nicht oder nur schwer möglich ist, eine monetäre Lösung zu finden. Erfahrungen aus der Praxis zeigen: Je länger (Anzahl der offenen Punkte) und älter die Mängelliste ist, umso schwieriger gestaltet sich die Abnahme und Übergabe des Projekts. Der „Negativeindruck" des Auftraggebers, dem Projekt und damit auch dem Auftragnehmer gegenüber, hat entscheidenden Einfluss auf die Projektabnahme und deren Verlauf. Ist der „Negativeindruck" hoch, dann wird die Mängelliste mit großer Wahrscheinlichkeit noch länger.

Mit dem Projektstart müssen (!) die Abnahmekriterien im Pflichtenheft klar und eindeutig mit dem Auftraggeber vereinbart sein. Dazu zählen z. B. die Projektdokumentation, eventuelle Trainings, Schulungsunterlagen und Wartungsanleitungen, die mit der Abnahme bzw. Übergabe an den Auftraggeber/ Projektbetreiber zu übergeben sind.

Leider kann der Projektabschluss auch durch die Stakeholder verzögert werden. Oft liegen die Gründe hierfür auf der Beziehungsebene.

Schon zum Projektstart ist der Projektabschluss eindeutig festzulegen mit:

- Abnahme- und Übergabekriterien
- Abnahme- und Übergabetermin

Projektqualität

Wie gut lief das Projekt und wie zufrieden sind die wichtigen Stakeholder?

Die Projektqualität beantwortet diese Frage, eindeutig und messbar! Die Projektqualität ist eine Messgröße und keine Poesie. (Dichtkunst)

Die Projektqualität = IST-PQ/SOLL-PQ

- ProjektQuader = PQ = Leistung x Kosten x Zeit
- SOLL-Leistung = geplanter Leistungsumfang (immer normiert auf 1 = 100%)
- IST-Leistung = gebuchter Leistungsumfang (Z. B. 1,x)
- SOLL-Kosten = geplante Projekt-Gesamtkosten
- IST-Kosten = gebuchte Projekt-Gesamtkosten
- SOLL-Zeit = geplante Projektlaufzeit
- IST-Zeit = gebuchte Projektlaufzeit

Projektqualität - Wertebereich

- **Projektqualität = 1** (Sehr Gut, IST = SOLL)
- bis
- **Projektqualität >= 5** (Mangelhaft, IST > SOLL) = **Projektdesaster!**

Die Stakeholderzufriedenheit spiegelt sich meistens auch in der Projektqualität:

- **Zufriedenheit hoch** = Projektqualität im Wertebereich 1 bis 2
- **Zufriedenheit niedrig** = Projektqualität im Wertebereich > 3
- **Zufriedenheit sehr schlecht** = Projektqualität im Wertebereich > 5 (Projektdesaster)

Projektqualität, ein Beispiel

Die Digitalisierung der Stadtverwaltung von Musterstadt, gemäß Lasten-/Pflichtenheft DSVXY. Geplante Gesamtkosten: 7 Mio. Euro. Geplante Entwicklungszeit: 2 Jahre. Fertigstellung nach 4 Jahren. Gesamte Entwicklungskosten 12 Mio. Euro. Der Leistungsumfang hat sich um 60 % erhöht:

SOLL-ProjektQuader = 1 x 7 x 2 = 14

IST-ProjektQuader = 1,6 x 12 x 4 = 76,8

Projektqualität = 76,8 / 14 = 5,5 (Ungenügend)

Projektqualität = Projektdesaster!

Checkliste: Projektstart

Projekte erfolgreich starten, denn: „80 % des Projekterfolges wird durch den Projektstart bestimmt"

#1 Das Projektziel eindeutig definieren

#2 Den Projektauftrag erteilen

#3 Eine optimale Projektorganisation festlegen

#4 Eine detaillierte Projektanalyse erstellen

#5 Eine passende Projektstruktur festlegen

#6 Eine professionelle Projektsteuerung verankern

#7 Den Projektabschluss mit Abnehme-/Übergabe-Kriterien und Terminen planen

Kick-Off oder Workshop?

Projekte erfolgreich starten, professionell managen und erfolgreich beenden

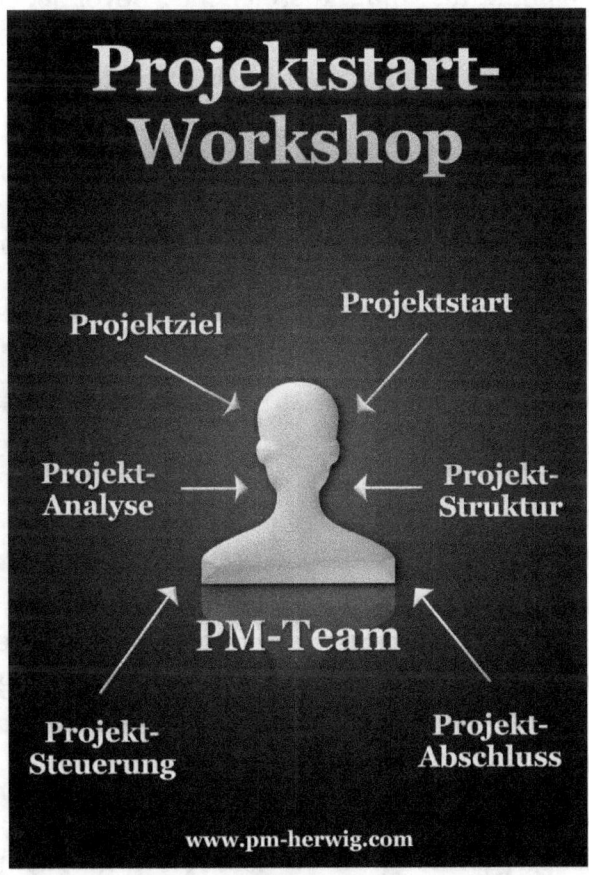

Ein kurzes Kick-Off-Meeting oder ein Workshop zum Projektstart?

Es kommt darauf an. Für kleinere, nicht komplexe oder gut überschaubare Projekte ist eventuell ein Projekt-Kick-Off-Meeting völlig ausreichend. Bevor jedoch ein Groß- Turnkey- oder komplexes Projekt startet, ist es sinnvoll, einen Projektstart-Workshop mit dem Projektteam und wichtigen Stakeholdern zu veranstalten. Der etwas höhere Zeitaufwand am Anfang kann sich am Ende oftmals auszahlen, denn: „80 % des Projekterfolges wird durch den Projektstart bestimmt".

Ziel des Workshops ist es, allen Teilnehmern das gemeinsame Projektziel, den Zeit- und Kostenrahmen übersichtlich vorzustellen und das Projektteam auf einen erfolgreichen Projektabschluss zu fokussieren.

Nachfolgend wird eine beispielhafte Agenda vorgestellt, die während des Workshops erarbeitet werden sollte: #1 Projektziel. #2 Projektauftrag. #3 Projektorganisation. #4 Projektanalyse. #5 Projektstruktur. #6 Projektsteuerung. #7 Projektabschluss. #8 Projekthandbuch. #9 Projekt-Workflow. #10 Executive Summary.

Je nach Projekt, Projektkategorie, Größe und Komplexität können noch weitere relevante Themen im Rahmen des Workshops erarbeitet werden. Bitte darauf achten, dass der Workshop ein „Projektstart-Workshop" ist und den Projektrahmen festlegen sollte. Für das Projektmanagement, vom Start bis zum Ziel, ist der Projektleiter mit seinem Team zuständig.

Die Workshop-Agenda

Der Projektstart-Workshop fokussiert das Projektteam auf einen erfolgreichen **Projektstart und Projektabschluss:**

1. **Das Projektziel** muss eindeutig und messbar definiert werden. **Das Projektziel festlegen. Owner*:** WER/WANN?

2. **Der Projektauftrag** regelt die Rechte, Pflichten und Kompetenzen zwischen Management und Projektleitung/Team. **Projektauftrag erteilen. Owner:** WER/WANN?

3. **Die Projektorganisation** ist für die operative Umsetzung des Projektes verantwortlich. **Festlegung der Projektorganisation. Owner:** WER/WANN?

4. **Die Projektanalyse** analysiert den ProjektRaum, alle relevanten Projekt- Risiken/Chancen und definiert Maßnahmen zum Risikomanagement. **Projektanalyse erstellen. Owner:** WER/WANN?

5. **Die Projektstruktur** zeigt die funktionale Gliederung des Projekts, weist das gewählte Vorgehensmodell aus, legt die wichtigen Arbeitspakete fest und definiert den Zeit- und Kostenplan. **Projektstruktur festlegen. Owner:** WER/WANN?

6. **Die Projektsteuerung** lenkt das Projekt und beruht auf der Fortschrittskontrolle. Wie kann eine professionelle Projektsteuerung optimal in das

Projekt und/oder das Unternehmen (z. B. ERP*) integriert werden? **Klärung und Umsetzung. Owner: WER/WANN?**

7. **Der Projektabschluss,** mit Abnahme-/Übergabetermin, Dokumentation, etc. muss eindeutig festgelegt werden. **Projektabschluss festlegen. Owner: WER/WANN?**

8. **Das Projekthandbuch** dokumentiert kurz und prägnant das Gesamtprojekt, ist ein guter Leitfaden für das Projektteam und dient auch als Informationsquelle für wichtige Stakeholder. **Projekthandbuch erstellen. Owner: WER/WANN?**

9. **Welcher „Project Workflow" passt?** Agil, Wasserfall, Scrum oder Kanban? Nicht alle, aber einige Projektkategorien benötigen für einen optimalen Projektablauf (Project Workflow), ein passendes Vorgehens = PM-Modell. Ein klassisches PM-Modell ist das sequentielle Phasenmodell. Dies findet auch heute noch in vielen Projekten Anwendung und hat sich in der Praxis gut bewährt. Auf Basis des Phasenmodells haben sich für unterschiedliche Projektkategorien, wie z. B. bei SW- oder Entwicklungsprojekten, „passendere" Vorgehensmodelle entwickelt. Ist ein Projekt gut planbar, umfassend strukturiert, das Projektziel eindeutig und messbar definiert, dann hat ein sequentielles PM-Modell oft Vorteile.

Ein theoretisch ideales PM-Modell versagt in der Praxis, wenn der Projektleiter und das Projektteam keine Kenntnisse und Erfahrungen mit dem PM-Modell haben und dieses nicht optimal umsetzen können.

Passgenaue PM-Modelle führen Projekte besser zum Ziel, sparen oft Kosten, Ressourcen und Zeit. PM-Modelle beschreiben den idealtypischen Projektablauf zur optimalen Erreichung des Projektziels. Manche PM-Modelle erfordern umfangreiche Erfahrungen, Trainings und Zertifizierungen, damit diese optimal im Projekt umgesetzt werden können. **Project Workflow festlegen. Owner:** WER/WANN?

10. **Executive Summary.** Ein maßgeschneiderter Projektplan sollte im Rahmen des Workshops vom Projektteam erarbeitet und in einem Projekthandbuch (als „Executive Summary") dokumentiert werden. **Projekt- „Executive Summary" erstellen. Owner:** WER/WANN?

   Hinweis: Owner* = Wer (Name) kümmert sich darum und bis wann? (Termin). ERP steht für „Enterprise Resource Planning" und bezeichnet eine Softwarelösung zur Ressourcenplanung eines Unternehmens oder einer Organisation.

Ein Projektstart-Workshop am Anfang vermindert das Risiko von einem Projektdesaster am Ende.

Jedes Projekt zeichnet sich durch die Besonderheit aus, dass es in seinem Gesamtumfang eine „Einmaligkeit" besitzt. Diese Einmaligkeit muss bei der Implementierung Berücksichtigung finden, damit das Projektziel bestmöglich erreicht werden kann. Eine gute

Grundlage und Leitfaden für den Workshop bietet das ProjektWorkbook. Der Projektstart-Workshop sollte von einem erfahrenen und zertifiziertem Projektmanager durchgeführt werden.

Warum ein Projekthandbuch?

Ein Projekthandbuch dokumentiert kurz und prägnant das Gesamtprojekt, ist ein guter Leitfaden für das Projektteam und dient auch als Informationsquelle für wichtige Stakeholder. Da ein Projekthandbuch oft sehr projektspezifische und vertrauliche Projektinformationen enthält, sollte es mit Bedacht, Vorsicht und nur in Abstimmung mit dem Projektleiter außerhalb des Projektteams weitergegeben werden.

Was gehört in ein Projekthandbuch?

Grundlage des Projekthandbuchs sind die „7 Key Principles": #1 Projektziel, #2 Projektstart, #3 Projektanalyse, #4 Projektstruktur, #5 Projektsteuerung, #6 Qualität: KVP im Projekt, #7 Projektabschluss und zusätzlich: #8 Der Eskalationsplan und die Projekt-Checklisten.

Ein Projekthandbuch ist kein Roman

sondern das Manual und die Betriebsanleitung des Projekts. Die einzelnen Kapitel sollten deshalb kurz und prägnant beschrieben werden. Ein praktisches Template für ein Projekthandbuch bietet das „ProjektWorkbook".

Das Projekt Geheimnis

Was haben eine geglückte Mars-Mission und eine gelungene Hochzeitsfeier gemeinsam?

Beide sind Projekte, beide sind einmalig, beide sind erfolgreich und beide bergen ein Geheimnis in sich.

Projekte sind skalierbar

Ihr Projekt muss ja nicht gleich die Größe einer Mars-Mission haben. Und es darf vielleicht auch etwas größer/komplexer als eine Hochzeitsfeier sein!? ABER im Grunde spielt die Projektgröße keine entscheidende Rolle. Ein Projekt ist ein Projekt, ob groß und komplex oder klein und simpel.

Das Projekt Geheimnis

Erfolgreich abgeschlossene Projekte bergen ein „Geheimnis" in sich:

1. **Das Projekt wurde erfolgreich gestartet:** „80 % des Projekterfolges wird durch den Projektstart bestimmt".

2. **Die „7 Key Principles"** erfolgreicher Projekte wurden strikt befolgt und angewandt.

3. **IST- und SOLL-ProjektQuader** sind (fast) gleich groß.

4. **Störungen im ProjektRaum** (wenn es welche gab) wurden professionell gemanagt.

Wird das „Projekt Geheimnis" erkannt und befolgt, dann ist die Wahrscheinlichkeit eines Projektdesasters klein. Wird das „Projekt Geheimnis" nicht erkannt und nicht befolgt, dann ist die Wahrscheinlichkeit eines Projektdesasters groß.

Zum Projektstart herrscht meist immer eine positive Grundstimmung, Zuversicht und der gute Wille, das

Projekt erfolgreich abzuschließen. ABER leider läuft oftmals nicht alles nach Plan.

Störungen im ProjektRaum können ein Projekt ins Desaster führen. Wird aus einem eindeutigen, messbaren Projektziel eine „Projektwunschliste" dann mutiert ein Projekt, der IST-ProjektQuader explodiert und der SOLL-ProjektQuader erscheint im Vergleich dazu wie ein Zwerg. Auf dem Weg vom (Projekt-) Start bis zum Ziel führt der kürzeste Weg oftmals in eine Sackgasse oder der schnellste Weg endet in einer Baustelle.

Führen Sie Ihre Projekte zum Erfolg!

Die folgenden zwei Kapitel vertiefen wichtige Projektmanagement Themen:

- Wie entsteht ein Projektdesaster und wie kann es gemanagt werden?
- Warum sind passgenaue PM-Modelle (Projektmanagement-Vorgehensmodelle) für unterschiedliche Projektkategorien von Vorteil?

Vertiefende Projektmanagement-Kenntnisse, mit praktischen Checklisten und Beispielen, bietet das „ProjektWorkbook". Das Thema „Digitale Transformation" wird ausführlich in dem Buch „Das Projekt: Digitale Transformation" behandelt.

Das Projekt Geheimnis: für kleine oder große, simple oder komplexe Projekte. Ein offensichtliches Geheimnis, was oftmals nicht erkannt wird!

Projektdesaster

Ein Projektdesaster verletzt die 7 Key Principles erfolgreicher Projekte!"

> **Das Projektdesaster**
>
> Projektziel verfehlt!
> Fertigstellung ungewiss
> Kosten explodieren
> Projektleiter-Wechsel
> Das Projekt ist eine Wunschliste
> Management ratlos
> Projektteam frustriert
> Stakeholder verzweifelt
>
> www.pm-herwig.com

Projektdesaster-Eigenschaften

Unprofessionell gemanagte Projekte mutieren oft zu einem Projektdesaster.

- Das Projektziel wird verfehlt
- Das Projektziel mutiert zu einer Wunschliste
- Die Kosten explodieren
- Die Fertigstellung ist ungewiss, Verzug und Verzugsstrafe drohen
- Der Projektleiter wird gewechselt
- Das Projektteam ist frustriert
- Das Management ist ratlos
- Die Stakeholder sind verzweifelt

Die Hauptursache

Verletzung oder Nicht-Einhaltung der „7 Key Principles erfolgreicher Projekte".

Wie entwickelt sich ein Projektdesaster?

Projektdesaster entwickeln sich langsam. Ich kenne kein Projekt, das von Anfang an als Projektdesaster geplant war. Hinter allen Projekten steht anfangs die gute Absicht, alles richtig zu machen, um das Projektziel zu erreichen. Doch wie kommt es dann, dass sich Projekte zu einem Projektdesaster entwickeln?

Eine Ursachen-Übersicht

Projektdesaster haben oft ein undurchsichtiges Projektziel, bergen Planungsfehler, wurden unprofessionell gestartet oder wichtige Stakeholder verfolgen unterschiedliche Projektziele und Interessen.

Ursache Projektziel

Wird das Projektziel nicht eineindeutig und **messbar** definiert, dann kann es leicht zu einer „Projektwunschliste" mutieren. Eine Projektwunschliste ist nicht eineindeutig und hat mehrere Projektvisionen, die den geplanten Kosten-, den Zeitrahmen und die erforderlichen Ressourcen stark beeinflussen. Der ProjektQuader vergrößert sich zusehends: Der Projektumfang (ProjektQuader -Volumen) steigt, die Kosten steigen und die Projektlaufzeit verlängert sich.

Ursache Planungsfehler

Werden Fehler in der Planungsphase nicht sofort erkannt und behoben, dann hat dies einen starken Einfluss auf den weiteren Projektverlauf. Planungs-, Engineering- und Designfehler können am Projektanfang meist noch (kostengünstig) korrigiert werden. Im weiteren Projektverlauf wird dies jedoch immer schwieriger, teurer und zeitaufwendiger. Das Projekt entwickelt sich zu einem Projektdesaster.

Ursache Projektstart

„80 % des Projekterfolges wird durch den Projektstart bestimmt"

Wird ein Projekt nicht professionell gestartet, dann besteht die Gefahr, dass es sich zu einem Projektdesaster entwickelt: Der Projektleiter hat nicht die erforderlichen Erfahrungen oder Kompetenzen, das Projektteam ist der Aufgabe nicht gewachsen oder die Management-Unterstützung fehlt. Die Kosten explodieren, der Fertigstellungstermin ist ungewiss, der X-te Projektleiter soll das Projekt zum Abschluss bringen, die wichtigen Stakeholder (besonders der Kunde/Auftraggeber) sind verzweifelt, das Management ist ratlos und das Projektteam ist frustriert.

Ursache (Projekt-) Stakeholder

Verfolgen die wichtigen Projekt-Stakeholder (wie z. B. Auftraggeber, Kunde, Auftragnehmer, Anwender) unterschiedliche „Projektziele" (im Grunde genommen dürfte es nur EIN Projektziel geben.) und beeinflussen das Projekt entsprechend, dann mutiert das Projektziel oft zu einer Projektwunschliste.

Projektdesaster sind weit vom Projektziel entfernt!

Das Projektziel wird verfehlt, die Kosten explodieren, die Fertigstellung ist ungewiss, der Projektleiter wird gewechselt, das Projektteam ist frustriert, das

Management ist ratlos und die Stakeholder sind verzweifelt.

Medien berichten immer wieder über Projektdesaster. Je größer und komplexer ein Projekt ist, desto höher ist das Risiko, dass sich daraus ein Projektdesaster entwickelt. Projektdesaster befinden sich in einem dauernden Eskalations-Modus.

Warum ist die Wahrscheinlichkeit höher, dass sich Groß- und komplexe Projekte oft zu einem Projektdesaster entwickeln? Die Antwort liefert der Abschnitt „Die 6 Projektfunktionen": Erfolgreiche Projekte erfüllen alle 6 UND-Funktionen, erfolglose Projekte scheitern an 1 bis 6 ODER-Funktionen. Dadurch erhöht sich die Wahrscheinlichkeit des Scheiterns auf ein Vielfaches.

Läuft ein Projektdesaster im Eskalationsmodus, dann ist das Management und das Projektteam oft hilf- und ratlos. Wie dieser Eskalationsmodus wieder verlassen werden kann, zeigt ausführlich und mit einem Beispiel das „ProjektWorkbook".

Projektdesaster managen

Die beste aller Lösungen ist die Vermeidung eines Projektdesasters.

Doch wie lassen sich Projektdesaster vermeiden? Indem sich das Projektteam auf mögliche Eskalationen vorbereitet und einen Eskalationsplan in der Schublade hat. Jedes Projekt ist ein dreidimensionaler ProjektQuader mit den Dimensionen: Leistung, Kosten und Zeit. Jedes Projekt befindet sich in einem ProjektRaum. Zur Eskalations-Vermeidung bedarf es klar definierter Messgrößen, die „Eskalations-Parameter". Dazu gehören:

- Messbare Toleranzabweichung des SOLL-Leistungsumfangs: IST-Leistung/SOLL-Leistung > X
- Messbare Toleranzabweichung des SOLL-Kostenplans: IST-Kosten/SOLL-Kosten > Y
- Messbare Toleranzabweichung des SOLL-Zeitplans: IST-Zeit/SOLL-Zeit > Z
- Die Stakeholder-Zufriedenheit (geschätzt) und
- Störungen im ProjektRaum (z. B. Umfeld, Normen, Risiken, etc.)

Kennt das Projektteam die „Eskalations-Parameter" und hat es dafür auch einen passenden „Eskalationsplan", dann kann schon recht früh, wenn die Toleranzabweichung einen „Alarm" auslöst, das Feuer gelöscht werden.

Eine Brandkatastrophe entwickelt sich oft von einem sehr kleinen unkontrollierten Feuer zur Katastrophe. Eine kleine brennende Kerze ist anfangs recht harmlos. Wird sie nicht überwacht und entsteht dadurch ein größeres Feuer, dann kann es sehr schnell und explosionsartig zur Brandkatastrophe kommen. Ein Rauchmelder mit einer automatischen Löschanlage könnte den „kleinen Brandschaden" schnell melden und automatisch eindämmen. Dadurch wird eine Brandkatastrophe, mit all den Folgeschäden, verhindert.

Die ständige Überwachung der Eskalations-Parameter funktioniert wie eine Brandmeldeanlage. Bei Alarm erfolgt eine Meldung und der „kleine Schaden" kann schnell behoben werden. Die Festlegung der Eskalations-Parameter und des Eskalations-Plans sind immer sehr projektspezifisch. Die o.g. allgemeine Darstellung kann bei der projektspezifischen Erstellung des Eskalations-Plans gute Hilfe leisten.

Wie können Projektdesaster zum (erfolgreichen) Abschluss gebracht werden? Indem sich das Projektteam auf mögliche Eskalationen vorbereitet, einen Eskalationsplan in der Schublade hat und eine praxiserprobte PM-Methodik anwendet.

KVP

Ist die bekannte Abkürzung für „Kontinuierlicher-Verbesserungsprozess". KVP basiert auf den japanischen Kaizen Grundsätzen und wurde in den 50er Jahren des 20. Jahrhunderts bei der Firma Toyota zur Qualitätsverbesserung eingeführt. Der Erfolg von

Kaizen und KVP hat bis heute Bestand und ist ein wesentlicher Verbesserungs- und Qualitätsbaustein.

KVP umfasst in Summe 12 aufeinander folgende Schritte, von der Festlegung des Arbeitssystems, bis hin zur Prüfung der implementierten Lösung. Die Erfahrung hat gezeigt, dass das nachfolgend vorgestellte 7-Stufen-Modell im Projektmanagement recht praxistauglich ist.

Eine erprobte PM-Methode

Probleme exakt beschreiben, den Schaden eindämmen, die Ursache herausfinden, Lösungen suchen, die optimale Lösung vereinbaren, die Lösung zeitnah im Projekt implementieren und auf Tauglichkeit prüfen.

1. Problemdefinition (Issue Definition)
2. „Erste Hilfe" (Containment)
3. Ursachenanalyse (Root Cause Analysis)
4. Lösungssuche (Solution Search)
5. Lösungsauswahl (Agreed Solution)
6. Lösungsumsetzung (Implement Solution)
7. Lösungsprüfung (Verified Solution)

Ein ausführliches Kapitel „Projekt-Eskalation" und wie Projektdesaster vermieden/deeskaliert werden bietet das „ProjektWorkbook".

PM-Modelle

PM-Modelle beschreiben den idealtypischen Projektablauf zur optimalen Erreichung des Projektziels.

Praktische PM-Modelle

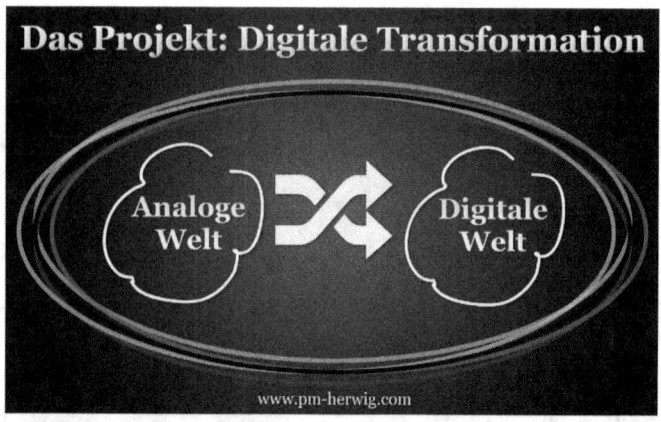

Nicht alle, aber einige Projektkategorien benötigen für einen optimalen Projektablauf oder auch „Project Workflow" genannt, ein passendes Vorgehens- oder PM-Modell.

Ein klassisches PM-Modell ist das sequentielle Phasenmodell. Dies findet auch heute noch in vielen Projekten Anwendung und hat sich in der Praxis gut bewährt. Auf Basis des Phasenmodells haben sich für unterschiedliche Projektkategorien, wie z. B. bei SW- oder Entwicklungsprojekten, „passendere" Vorgehensmodelle entwickelt.

Ist ein Projekt gut planbar, umfassend strukturiert, das Projektziel eindeutig und messbar definiert, dann hat ein sequentielles PM-Modell Vorteile.

Ist ein Projekt schwer planbar, gering strukturiert, das Projektziel nicht eindeutig und nicht exakt messbar, dann eignet sich ein agiles PM-Modell eventuell besser. Ein passgenaues PM-Modell hängt von vielen Faktoren ab und kann abschließend erst nach einer genauen Projektanalyse ermittelt werden.

Ein theoretisch ideales PM-Modell versagt in der Praxis, wenn der Projektleiter und/oder das Projektteam keine Kenntnisse/Erfahrungen mit dem PM-Modell haben und dieses nicht optimal umsetzen können.

Passgenaue PM-Modelle führen Projekte besser zum Ziel, sparen oft Kosten, Ressourcen und Zeit. PM-Modelle beschreiben den idealtypischen Projektablauf zur optimalen Erreichung des Projektziels. Manche PM-Modelle erfordern umfangreiche Erfahrungen, Trainings und Zertifizierungen, damit diese optimal im Projekt umgesetzt werden können.

Nachfolgend werden die in der Praxis gebräuchlichen PM-Modelle übersichtlich vorgestellt. Außer den vorgestellten PM-Modellen gibt es für spezielle Projektkategorien noch einige mehr. Im Internet und in der Fachliteratur findet der Leser vertiefende und weiterführende Informationen, Trainings, Kurse und Zertifizierungen zum Thema PM-Modelle.

Wasserfallmodell

Die Projektphasen verlaufen sequentiell

Ist das Projektziel, der SOLL-Leistungsumfang, der SOLL-Kosten- und SOLL-Zeitplan klar, eindeutig und messbar, dann eignen sich sequentielle Vorgehensmodelle. Zu diesen gehören das Phasen-, Wasserfall oder Schleifen-Modell. Was am Anfang definiert wurde, wird bis zum Projektabschluss konsistent durchgeführt. Dies hat für einige Projektkategorien Vorteile (z. B. Infrastrukturprojekte) und für andere Nachteile (z. B. Entwicklungsprojekte). Der Name Wasserfall kommt von der häufig gewählten Darstellung der als Kaskade angeordneten Projektphasen.

V-Modelle

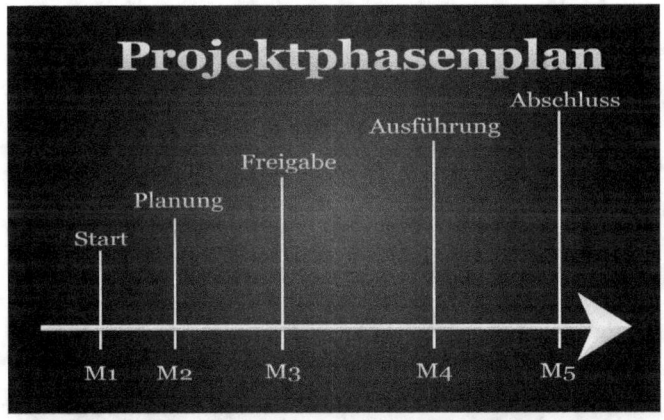

Das V-Modell basiert auf dem sequentiellen Vorgehensmodell und integriert die Qualitätssicherung in die einzelnen Projektabschnitte. Dazu gehören Verifikation und Validation. Die Verifikation ist die Überprüfung der Übereinstimmung zwischen dem Produkt und der Spezifikation. Die Validation ist die Feststellung der Eignung des zu entwickelnden Produktes in Bezug auf den Einsatzzweck, damit das richtige Produkt entwickelt wird.

Iterative Modelle

Zu den iterativen Modellen gehört zum Beispiel das nachfolgend vorgestellt „Agile Projektmanagement". Das iterative Modell stammt ursprünglich aus der Mathematik. Es ist die schrittweise Wiederholung von kleinen, geänderten Rechenvorgängen um sich der exakten Lösung bestmöglich zu nähern.

Agiles Projektmanagement

Ein dynamischer Kreislauf: Projektziel -> Konzept -> User Test -> Änderungen -> Konzept

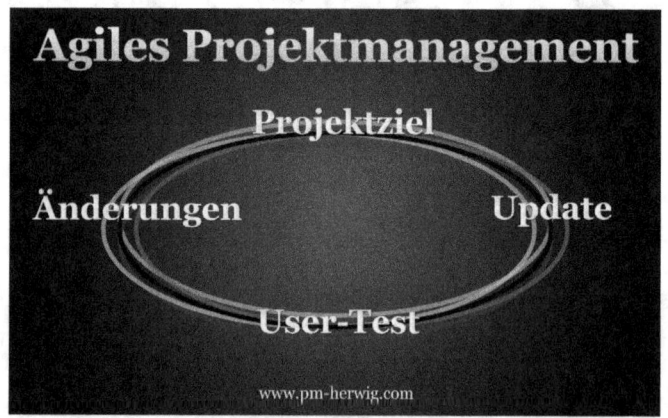

Der Begriff: „Agiles Projektmanagement" beschreibt ein Vorgehensmodell, das speziell in der Entwicklung (Softwareentwicklung) Anwendung findet. Das Wort „agil" ist ein Adjektiv und bedeutet flink, wendig, lebhaft, gewandt, gelenkig, etc. Agiles Projektmanagement beschreibt eine spezielle Vorgehensweise von relativ kurzen Zyklen z. B.

Konzepterstellung -> Entwicklung -> User Test (Feedback) -> Änderungen im Konzept und der Entwicklung -> erneuter User Test (Feedback), etc.

Das Ziel des „Agilen Projektmanagements" ist es, die Ablaufprozesse flexibler, schlanker und schneller zu gestalten.

Ähnlich funktioniert auch die Natur mit der „Try and Error" Methode, obwohl dies nicht direkt vergleichbar ist. Die Natur bringt etwas hervor und die Zeit zeigt (der Test), ob das Hervorgebrachte weiter existiert oder nicht. Fällt das Ergebnis negativ aus, dann wird das Hervorgebrachte eventuell modifiziert, wieder getestet oder verschwindet. Verlaufen die Tests positiv, dann entsteht ein neuer „Entwicklungsstrang", verlaufen die Tests negativ, dann verschwindet der „Entwicklungsstrang". Wir nennen das in der Natur Evolution (lateinisch evolvere = entwickeln).

Unter dem Oberbegriff „Agiles Projektmanagement" sind speziell in der Softwareentwicklung weitere Vorgehensmodelle wie z. B. Scrum entstanden.

Agiles Projektmanagement hat Vor- und Nachteile und lässt sich nicht in allen Projekten anwenden. Wie bereits erwähnt, findet es in der Entwicklung und speziell in der Softwareentwicklung Anwendung. Ein Infrastruktur-Großprojekt lässt sich nur schlecht nach dieser Vorgehensweise managen. So kann der Bau einer neuen Autobahn nicht ständig durch Kundenfeedback geändert werden. Die Baukosten würden explodieren, die Bauzeit würde sich wesentlich verlängern und die Stakeholder wären äußerst unzufrieden.

Ist das Projektziel klar, eindeutig und messbar, dann ist agiles Projektmanagement von Nachteil. Ist das Projektziel nicht klar, nicht eindeutig und nicht exakt messbar, dann hat agiles Projektmanagement Vorteile.

Ich leitete ein Software-Entwicklungsprojekt im Bereich Kommunikationstechnik. Das Projektziel war für den

Kunden und unser Entwicklungsteam im Grunde genommen klar, aber nicht eindeutig und exakt messbar. Es gab zu viele Variationsmöglichkeiten bei der Entwicklung, die alle ihre Vor- und Nachteile hatten. Damit konnte das Projektziel nicht klar, eindeutig und messbar definiert werden. Wir einigten uns mit dem Kunden ein „agiles Projekt" zu starten. Das Projektziel wurde so genau wie möglich definiert und ein Grobkonzept erstellt. Danach fingen wir relativ schnell mit der Softwareentwicklung an. Die erste Beta-Version wurde zeitnah vom Kunden getestet und wir erhielten schnell (wertvolles) Feedback. Das Feedback führte zu Änderungen im Konzept und der Entwicklung. Es wurde als neue Version wieder zeitnah vom Kunden getestet. Dies war ein iterativer Prozess mit der Wiederholung: Programmversion P1-> User Test > Änderungen -> Entwicklung P2 -> User Test, etc.

Iterativer SW-Entwicklungsprozess

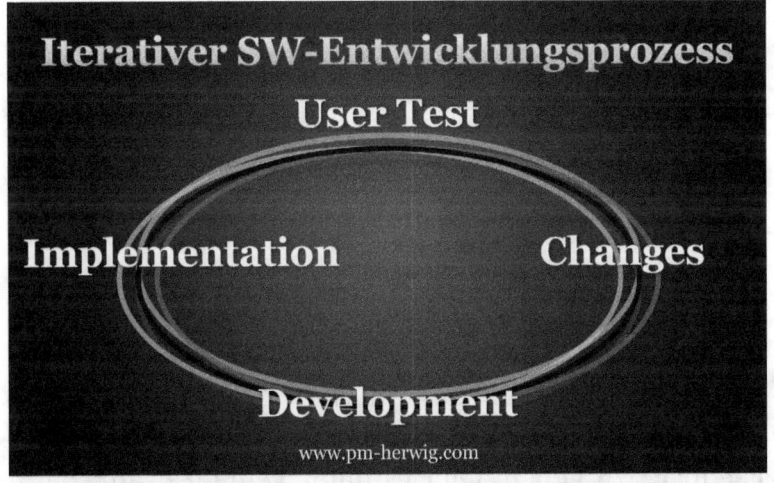

Der Kunde (= User) ist von Anfang an und eng in die Entwicklung mit eingebunden. Die erste vorzeigbare Version kann schnell entwickelt und getestet werden. Die Iterationsschleife verbessert mit jedem Durchlauf die jeweils aktuelle Version (Idealfall). Ein Entwicklungsprojekt kann dadurch (aber nicht immer!) schneller realisiert werden, z. B. halbe Entwicklungszeit = halbe Kosten. Da der User (Kunde) sehr eng die Entwicklungsschritte begleitete, erhält er meist eine für ihn passende und maßgeschneiderte Lösung.

Die Vorteile des agilen PM-Modells: Meist hohe Kundenzufriedenheit, verkürzte Entwicklungszeiten und schnelles Feedback.

Das agile Projektmanagement hatte allerdings auch Nachteile. Die Dokumentation kann oftmals den schnellen Entwicklungsschritten nicht folgen.

Das erste Projektziel mutiert eventuell, durch die Feedback-Schleifen, zu einer „Wunschliste", der Leistungsumfang, die Kosten- und die Projektlaufzeit können dann leicht aus dem Ruder laufen.

Damit die Vorteile die Nachteile überwiegen, ist ein stringentes Projektziel zu verfolgen und keine Wunschliste.

Agiles Projektmanagement erfordert bestimme Rahmenbedingungen, einen speziellen ProjektRaum, damit es funktioniert.

Der User (z. B. Kunde) muss in der Lage sein, ein verlässliches, exaktes, objektives und konstruktives Feedback zu geben. Gibt es dafür keine Gewähr, dann besteht das Risiko, dass das Projekt in die „falsche Richtung" läuft. Das Vorgehensmodell muss zur Projektkategorie passen. Das Projektteam muss auch mit dem Feedback (manchmal sehr negativ) und den Änderungen umgehen können.

Agiles Projektmanagement ist, wie der Name sagt, flink, wendig, lebhaft, gewandt und äußerst flexibel.

Kanban

Kanban (Japanisch, auf deutsch Signal-Karte) beschreibt eine sehr gute Methodik zur Optimierung und Verbesserung von Arbeitsabläufen und Prozessen. Kanban kann relativ schnell und praktikabel in geeigneten Projekten zum Einsatz kommen. Kanban beschreibt 4 Grundprinzipien und 6 Kernpraktiken:

Die 4 Grundprinzipien:

1. Beginne mit der aktuellen Tätigkeit.
2. Vereinbarung einer kontinuierlichen Verbesserung und Weiterentwicklung. (KVP)
3. Laufende Prozesse, Rollen und Verantwortlichkeiten bleiben bestehen.
4. Verbesserungen (KVP) können nur umgesetzt werden, wenn sich alle Ebenen einer Organisation daran halten.

Die 6 Kernpraktiken:

1. Visualisierung der Arbeitsabläufe auf einem Kanban-Board. (Karten auf einem Whiteboard, eventuell auch Mindmap)
2. Begrenzung der Menge an angefangener Arbeit. Arbeitsabschnitte, -Pakete, werden Tickets genannt. Die Anzahl der Tickets (Work in Progress - WiP) die gleichzeitig (maximal) bearbeitet werden können, werden limitiert.

3. Den Arbeitsfluss messen und steuern.
4. Alle Regeln eines Prozessen werden definiert und dokumentiert (explizit machen).
5. Implementiere Feedback-Zyklen.
6. Verwendung von Modellen (Vereinfachung eines Prozesses) um Chancen für gemeinsame (kollaborative) Verbesserungen zu erkennen.

Die Anwendungsbereiche von Kanban eignen sich recht gut in agilen Projekten, wie z. B. IT- oder Softwareprojekten.

Scrum

Scrum (englisch Gewimmel, Gedränge), ist ein dynamisches PM-Modell und gehört vom Ursprung her zur „Agilen Softwareentwicklung". Ist das Projektziel nicht eindeutig und exakt messbar, dann kann Scrum gute Lösungsvarianten liefern. Das sogenannte „Scrum Framework" definiert 3 Rollen: Product Owner, Development Team und Scrum Master.

Der Product Owner ist für das Projektziel bzw. für das Produkt verantwortlich.

Das Development Team ist für die Entwicklung bzw. Realisierung des Projektziels verantwortlich und der **Scrum Master** wirkt in der Rolle eines Projekt Coaches.

Der Product Owner, das Development Team und der Scrum Master bilden ein **„Scrum Team"**. Das Scrum

Team ist auch die Schnittstelle zu den wichtigen Stakeholdern.

Arbeitspakete und Arbeitsabschnitte werden als **Sprint** bezeichnet und Meetings werden als Ereignisse oder **Events** bezeichnet. Alle Ereignisse oder Events (Meetings) haben ein festes Zeitfenster, was nicht überschritten werden sollte.

Six Sigma

Six Sigma beschreibt einen „kontinuierlichen Verbesserungsprozess (KVP). Die Historie geht auf den japanischen Schiffbau zurück und die Begriffe orientieren sich an japanischen Kampfsportarten. Six Sigma wurde in den 80er Jahren von Motorola in den USA entwickelt. Durch den erfolgreichen Einsatz bei GE (General Electric) erlangte Six Sigma eine große Popularität.

Die am meisten eingesetzte Six-Sigma-Methode beruht auf dem „**DMAIC-Zyklus**":

D = Define: In dieser Phase wird ein definierter Prozess bestimmt, exakt beschrieben und dokumentiert.

M = Measure: In dieser Phase wird der Prozess quantifiziert und „vermessen". Six Sigma hat hier eine geeignete Messsystemanalyse (Measurement System Analysis, MSA) entwickelt.

A = Analyze: Dies ist die Analyse-Phase des Prozesses zur exakten Ermittlung und Dokumentation von Ursache und Wirkung.

I = Improve: In dieser Phase wird der Prozess optimiert, verbessert und in das Projekt implementiert.

C = Control: Der neue, verbesserte Prozess wird (z. B. mit statistischen Methoden) im Projekt überwacht, kontrolliert und gemessen.

Eine Kosten-Nutzen-Analyse sollte vor dem Projekt-Einsatz von Six Sigma durchgeführt werden; da oftmals ein erhöhter Aufwand (Ressourcen, Zeit und Kosten) für den DMAIC-Zyklus entsteht.

Anhang

Bibliografie

ProjektWorkbook

Das Projekt: Digitale Transformation

Über den Autor

Feedback

Bibliografie

Eine kleine Bücherauswahl zur Vertiefung von Projektmanagement-Themen

ProjektManager

ISBN 3-924841-26-8, GPM© Deutsche Gesellschaft für Projektmanagement e.V.

Projektmanagement

ISBN 3-446-18310-8, D. Litke, Carl Hanser Verlag München Wien

Projektmanagement

ISBN 978-3-589-23944-3, Zweisprachig: deutsch-englisch, Wolfgang Cronenbroeck, Cornelsen Verlag, Berlin

Agiles Projektmanagement: Scrum, Use Cases, Task Boards & Co.

ISBN 3-648-06517-3, Jörg Preußin, Verlag Haufe Lexware

Projektmanagement: Leitfaden zum Management von Projekten, Projektportfolios und projektorientierten Unternehmen

ISBN 3-7143-0266-2, Gerold Patzag, Verlag Linde Verlag Ges.m.b.H.

Das Scrum-Prinzip: Agile Organisationen aufbauen und gestalten

ISBN 3-7910-3289-5, Boris Gloger, Verlag Schäffer Poeschel

Einführung in das Management von Geschäftsprozessen: Six Sigma, Kaizen und TQM

ISBN 3-662-44449-6, Susanne Koch, Verlag Springer Vieweg

Mit KVP zum Erfolg: Der Kontinuierliche Verbesserungsprozess (KVP) als Managementansatz zur Effizienzsteigerung in Unternehmen

ISBN 3-838-10238-X, Markus Schober, Verlag Suedwestdeutscher Verlag für Hochschulschriften

Microsoft Project 2019

ISBN: 978-1509307425, Microsoft Press; Illustrated Edition, Sprache: Englisch

Mind Map Book

ISBN 978-1406647167, BBC Active, Sprache: Englisch

Bücher vom Autor

Projekte erfolgreich managen

Das Projekt: Digitale Transformation

Softcover, 304 Seiten, ISBN: 979-8681759577

Hardcover, 304 Seiten, ISBN: 979-8464875159

eBook: Kindle-Format & EPUB

ProjektWorkbook

Softcover, 332 Seiten, ISBN: siehe Vorschau

Hardcover: 332 Seiten, ISBN: siehe Vorschau

eBook: Kindle-Format & EPUB

KatastrophenProjekte

Softcover, 224 Seiten, ISBN: 978-3745077124

eBook: Kindle-Format & EPUB

Simplify Komplexe Projekte

Softcover, 152 Seiten, ISBN: 9783741867675

eBook: Kindle-Format & EPUB

Das Projekt Geheimnis

Softcover, 112 Seiten, ISBN: 979-8354468683

eBook: Kindle-Format & EPUB

Bücher vom Autor

Für ein dauerhaft erfolgreiches Trading

TraderWorkbook
Softcover, 464 Seiten, ISBN: 9781980650690
Hardcover, 516 Seiten, ISBN: 9783750248458
eBook: Kindle-Format & EPUB

Der TradingPlan
Softcover, 410 Seiten, ISBN: 9781794160477
Hardcover, 404 Seiten, ISBN 9783750246560
eBook: Kindle-Format & EPUB

TraderMindset
Softcover, 256 Seiten, ISBN: 979-8767790654
eBook: Kindle-Format & EPUB

Daytrading Guide
Softcover, 176 Seiten, ISBN: 979-8720377175
eBook: Kindle-Format & EPUB

Die TradingFormel
Softcover, 152 Seiten, ISBN: 979-8540249492
eBook: Kindle-Format & EPUB

ProjektWorkbook

Sie wollen auf einen Blick sehen, wie es um Ihr Projekt wirklich steht?

Das ProjektWorkbook ist ein Navigationssystem für Profis und ein praktischer Leitfaden für Newcomer mit ersten Projekterfahrungen. Das ProjektWorkbook zeigt Schritt für Schritt wie Projekte erfolgreich gestartet, gemanagt und zum Abschluss geführt werden. Erprobte Projektmanagement-Kenntnisse werden ausführlich erklärt und mit Beispielen vertieft. Zahlreiche Projekt-Checklisten erleichtern die Projektarbeit, sparen Zeit, reduzieren Fehler, geben Sicherheit, strukturieren den Projekt-Workflow und es werden keine wichtigen Arbeitspakete vergessen.

Sie wollen auf einen Blick sehen, wie es um Ihr Projekt wirklich steht?

Dann bietet dieses Buch genau die relevanten Informationen, auf die es in der Praxis (wirklich) ankommt: Drei Kennzahlen beschreiben jedes Projekt komplett und messbar. Die Definition der drei Kennzahlen ist elementar, ausgesprochen bildhaft, einprägsam und zeigen das Projektgesamtbild auf der Makroebene. Zu viele Einzelheiten und Details verdecken oft wichtige, maßgebliche Projektinformationen. Die Makroebene zeigt das Gesamtbild und auf der Mikroebene werden die Feinstrukturen sichtbar.

Buch Topics: #Projekt, #Management, #Makroebene, #Mikroebene, #Ziel, #Start, #Analyse, #Struktur, #Steuerung, #Modelle, #Qualität, #Abschluss, #Kennzahlen, #Agil, #Kanban, #Scrum, #SixSigma, #Wasserfall, #Desaster, #Deeskalation, #Checklisten

Titel „ProjektWorkbook"

Autor: Max Herwig

Softcover: 332 Seiten, ISBN: Siehe Vorschau

Hardcover: 332 Seiten, ISBN: Siehe Vorschau

eBook: Kindle-Format und EPUB

Vorschau & Bezugsquelle: www.pm-herwig.com

Das Projekt: Digitale Transformation

„7 Key Principles" bestimmen den Projekterfolg!

Das Buch zeigt, wie „Das Projekt: Digitale Transformation" erfolgreich umgesetzt und zum Abschluss geführt werden kann.

Führen Sie Ihre Projekte zum Erfolg! Eine erfolgreiche „Digitale Transformation" ist auch ein erfolgreiches Projekt und erfolgreiche Projekte folgen den „7 Key Principles". Das Buch basiert auf langjährigen Projekterfahrungen aus der Praxis und ist ein Projekthandbuch für die Praxis nach dem Motto: „Bestand hat nur, was in der Praxis funktioniert". Hilfreich dabei sind Projekt-Checklisten. Mit Checklisten werden Routinefehler vermieden, Zeit gespart, der „Project Workflow" strukturiert und keine wichtigen Arbeitspakete vergessen. Themenbezogene Projektmanagement-Kenntnisse werden detailliert erklärt und mit Beispielen vertieft.

Ein weiterer Fokus ist das Thema „Project Workflow": Welches „PM-Modell" eignet sich am besten für digitale Transformations-Projekte? Agiles Projektmanagement? Ein „iterativer Ansatz"? Scrum? Kanban? Six-Sigma? Oder doch das bewährte Wasserfallmodell? Ein optimales PM-Modell spart oftmals Zeit, Kosten, Ressourcen und führt schneller zum Projektziel.

Die digitale Transformation scheitert meist nicht an der Technik, sondern am ProjektRaum. Warum ist das so? Der ProjektRaum steht in engen Wechselwirkungen mit dem Projekt und Störungen können Nah-/Fernwirkungen mit positiven/negativen Rückkopplungen auslösen. In diesem Buch wird der ProjektRaum ausführlich analysiert und es werden erprobte Strategien vorgestellt, um Störungen frühzeitig zu erkennen und zu managen.

Titel „Das Projekt: Digitale Transformation"

Autor: Max Herwig

Softcover: 304 Seiten | ISBN: 979-8681759577

Hardcover: 304 Seiten | ISBN: 979-8464875159

eBook: Kindle-Format und EPUB

Vorschau & Bezugsquelle: www.pm-herwig.com

Über den Autor

7 Key Principles bestimmen den Projekterfolg!

Max Herwig ist Consultant, Coach und Fachbuchautor. Er hat in Darmstadt Nachrichtentechnik mit Abschluss Diplom-Ingenieur studiert und als Projekt-Direktor internationale Großprojekte erfolgreich geleitet.

Seine langjährigen Management- und Projekterfahrungen zeigen, dass „7 Key Principles" den Projekterfolg bestimmen. Die Erfahrung, dass „7 Key Principles" über Erfolg oder Misserfolg entscheiden und seine Lebensphilosophie:

„*Bestand hat nur, was in der Praxis funktioniert*",

sind auch die Leitgedanken in seinen Büchern.

Der Autor lebt in Berlin und interessiert sich für Wirtschaft, Technik, Philosophie und Physik. Er ist zertifizierter Projektmanager und Mitglied der GPM Deutsche Gesellschaft für Projektmanagement e.V.

Internationale Projektreferenzen

Mit den Schwerpunkten: Softwareentwicklung, „Agiles Projektmanagement", Kaizen und KVP, IT, Kommunikationstechnik & Building Technology.

Siemens AG | Rolls-Royce Ltd. | Atos Information Technology

Homepage des Autors:

Projekte: www.pm-herwig.com

Feedback

Der beste Lektor ist der interessierte Leser

Ich freue mich auf Ihre Bewertung

und Feedback.

Recht herzlichen Dank!

E-Mail: *feedback@pm-herwig.com*

www.ingramcontent.com/pod-product-compliance
Lightning Source LLC
Chambersburg PA
CBHW071421210526
45465CB00001B/479